Der Weihnachtsmann erzählt

Für meine Enkel
und alle, die
Weihnachtsmann-Adventskalender-
Geschichten
mögen

Botho Kirschkern

Der Weihnachtsmann erzählt

Märchen, die noch geschrieben werden mussten
Geschichten, die die Welt nicht braucht
Gedichte, skurril bis Dada

© 2013 Botho Kirschkern
Herstellung und Verlag
BoD - Books on Demand, Norderstedt
ISBN: 9-783732-28200-5

Guten Tag,

Auch in diesem Jahr gibt es wieder eine Weihnachtsmann-Adventskalender-Geschichte, mittlerweile die Fünfzehnte! Normalerweise wird sie per E-Mail täglich verschickt. In Ausnahmefällen kommt sie auch am Stück im PDF-Format. Die tägliche Lektüre soll Anreiz sein, für wenige Momente vom Stress des Alltags der Vorweihnachtszeit abschalten zu können. Nehmt euch die Zeit und taucht in die Welt der Phantasie ein. Wer sich auf dieses Abenteuer einlässt, muss mit folgenden Punkten leben können:

- Es gibt einen Weihnachtsmann
- Es gibt eine Weihnachtsmann GmbH & Co KG
- Der Sitz des Unternehmens ist in der Milchstraße 24
- Der Chef des Unternehmens ist das Christkind
- Engel sind Realität und allgegenwärtig
- Wunder gibt es immer wieder und in der Weihnachtszeit immer öfters
- Raum und Zeit spielen keine Rolle
- Es gibt also nix, was es nicht gibt

Viel Spaß beim Lesen

Inhaltsverzeichnis

01 Das Sternputzengelchen
02 Der Tret-Traktor
03 Tuning
04 Der kleine rote Traktor
05 Weihnachtsmann trifft Traktor
06 Das Rind, das nicht kalben wollte
07 Vom Regen in die Traufe
08 Die große Freiheit
09 Katzen haben sieben Leben
10 Freischwimmer
11 Albträume
12 Psychodelisch
13 Nächtliche Ballade
14 Lyrik des Spülens
15 Der Drachenprinz
16 Verwandelt
17 Erlöst
18 Nachgefragt
19 Gefangen
20 Befreit
21 Der Schlafanzug
22 Die Wandlung
23 Undankbar
24 Gesund

01 Das Sternputzengelchen

In das Büro des Weihnachtsmannes drang ein furchtbares Gewimmer, das nicht enden wollte. Genervt erhob sich der Weihnachtsmann von seinem Stuhl und trat in den Gang. Vor einem Zimmer der Krankenstation drängten sich viele Engel.
"Was ist denn hier los!" wollte der Weihnachtsmann wissen.
Er bahnte sich einen Weg durch die dicht gedrängt stehenden Engel, die ihm respektvoll Platz machten. Der Weihnachtsmann riss die Tür auf und wollte gerade lospoltern als er seinen Büroleiter Engel Technicus und das Christkind gewahrte, die sich über ein Bettchen beugten.

"Kann man hier denn nicht in Ruhe arbeiten?" polterte der Weihnachtsmann.
"Pscht" machte das Christkind und legte seinen Zeigefinger auf den Mund.
"Siehst du denn nicht, dass das kleine Engelchen schwer krank ist?"

"Sind wir denn ein Krankenhaus?" wollte der Weihnachtsmann ungehalten wissen.

"Das nicht, aber in dem sind alle Betten belegt, weil doch zur Zeit der Angelus-Virus grassiert".

"Angelus-Virus? was ist denn das?" fragte der Weihnachtsmann ärgerlich.

"Angelus-Virus heißt, dass die damit befallenen Engel Durchfall beim Halleluja-Singen bekommen. Das schwächt sie derart, dass sie ins Koma fallen. Und ohne Hallelujas gerät das himmlische Feeling aus dem Lot".

"Und das ist ansteckend?"

"Sehr!"

"Und warum ist dieser Schreihals dann in unserer Krankenstation?"

"Weil bei uns Betten frei sind".

Der Weihnachtsmann schwieg. Dann fragte er wieder:

"Und was ist dem kleinen Wurm zugestoßen?"

"Es hat einen schweren Schock erlitten".

"Einen Schock?"

"Ja, es ist ein Nachwuchs- Sternputzengelchen. Es hatte sich eine große Karriere erhofft. Aber gleich am ersten Arbeitstag ist ihm sein Sternchen aus den Händen gerutscht und auf die Erde gefallen. Es verglühte in der Atmosphäre und Tausende von kleinen Meteoriten prasselten auf die Erde nieder. Das an sich wäre ja nicht schlimm, aber ein kleines Erdenkind wurde von einem Stückchen der Sternschnuppe getroffen, dass es schwer verletzt im Krankenhaus liegt. Das hat das Sternputzengelchen so mitgenommen, dass es immer dann vor Schmerzen schreit, wenn das Erdenkind einen Schmerz empfindet. Das lindert dann dessen Schmerz".

"Sachen gibt es!" Staunte der Weihnachtsmann. "Kann man ihm helfen?"

"Ja schon, wenn jemand sich die Zeit nehmen würde, sich um den armen Tropf zu kümmern. Aber du weißt, ja, der Angelus-Virus, der hält das gesamte himmlische medizinische Personal auf Trapp".

"Hm", sagte der Weihnachtsmann, ließ das Christkind auf dem Gang stehen, betrat leise das Krankenzimmer, schnappte sich einen Stuhl und setzte sich an das Bettchen des kleinen Patienten. Der schlummerte gerade friedlich. Der Weihnachtsmann nahm seine Hand und streichelte sie.

Nach einer Weile schlug das kleine Sternputzengelchen die Augen auf und sah den Weihnachtsmann ängstlich an.

"Wer bist denn du", wollte es wissen. "Kommst du, um mich für mein Ungeschick zu bestrafen?"

"Oh, nein," lachte der Weihnachtsmann. "Im Himmel wird man für ein solches Missgeschick nicht bestraft. Das ist schon Millionen Engeln vor dir passiert. Jetzt musst du gesund werden und dann wird es auch dem armen Erdenkind, das durch dein Missgeschick in Mitleidenschaft gezogen worden ist, wieder besser gehen".

"Meinst du? Wer bist du denn eigentlich?"

"Ich, ich bin der Weihnachtsmann".

"Wirklich?"

"Ja, wirklich, das sieht man doch. Wer würde denn sonst in solch einer Montur[1] herumlaufen?"

"Wenn du der Weihnachtsmann bist, darf ich mir dann etwas wünschen?"

---

[1] Roter Mantel, rote Mütze, Stiefel

"Wünschen darf man sich immer etwas, aber ob der Wunsch in Erfüllung geht, das steht in den Sternen."

"Weißt du, mir ist so langweilig, könntest du mir nicht etwas erzählen? Ich stelle mir das sehr spannend vor, wenn du so durch Schornsteine und Schlüssellöcher kriechst, um die Weihnachtsgeschenke auszuliefern. Das machst du doch, oder?"

"Ja, schon", erwiderte der Weihnachtsmann.

"Ach, bitte, erzähl doch etwas!" bettelte das Sternputz- Engelchen.

"Hm", brummte der Weihnachtsmann, "Zeit hab ich gerade schon. Bis Weihnachten ist noch lang und die Vorbereitungen laufen nach Plan. Das, was noch aussteht, macht mein tüchtiger Büroleiter Engel Technicus auch ohne meine Hilfe".

"Au, fein!" strahlte der kleine Patient.

02 Der Tret-Traktor

Der Weihnachtsmann rückte seinen Stuhl zurecht, räusperte sich und begann zu erzählen:

Vor vielen vielen Jahren, als es noch keine Navigationssysteme und anderen Schnickschnack gab, lag ein Wunschzettel eines kleinen Jungen, auf dem nur ein einziger Wunsch vermerkt war, auf meinem Schreibtisch:
„Ich wünsche mir einen Tret-Traktor" stand da mit ungelenker Schrift geschrieben.
Das an sich war ja kein Problem. Doch der kleine Mann hatte in seiner Aufregung und Vorfreude total vergessen, seine Anschrift zu vermerken. Auch das ist für uns in der Weihnachtsmann GmbH & Co KG normalerweise kein Beinbruch. Aufgrund des genetischen Fingerabdrucks konnten wir recht schnell den Absender des Wunschzettels ausfindig machen. Ein Datenabgleich mit dem Golde-

nen Buch[2] ergab, dass der Junge sich das Weihnachtsgeschenk sehr wohl verdient hatte. Also wurde so ein Tret-Traktor geordert und auch fristgerecht geliefert. In unserem Versandzentrum wurde er schön verpackt und auf dem Schlitten verstaut. Weihnachten konnte kommen.

Und Weihnachten war da, schneller als mir lieb war. Denn in den letzten Tagen vor dem Fest häuften sich Last- minute- Bestellungen, damals wie heute. Kurz, ich war in der heiligen Nacht mit meinem Schlittengespann unterwegs und hatte alle Hände voll zu tun bis die Weihnachtsgeschenke zugestellt waren. Nur noch der kleine rote Tret-Traktor war auf meinem Schlitten.

Weil der Schlitten jetzt ganz leicht war, hatte ich bis auf Rudolf alle anderen Rentiere zurück in den Himmel geschickt, damit sie sich von der schweren Arbeit erholen konnten. Auch Rudolf war nicht mehr der frischeste. Ich musste ihn immer wieder ermuntern. Nur

---

[2] Im Goldenen Buch sind alle guten und schlechten Taten eines Kindes vermerkt

der Gedanke an eine Extra-Ration himmlisches Rentier-Manna beflügelte ihn.

Da! Ein Knirschen, ein Knall wie eine Kanonenkugel! Die Schlittenkufen barsten (wahrscheinlich hatte ich den Schlitten auch in diesem Jahr mal wieder zu schwer beladen), der Aufbau bohrte sich in den Boden. Durch den plötzlichen Ruck zerrte das Geschirr an Rudolfs Schultern, dass ein Schulterblatt brach. Rudolf kam zu Fall und lag auf dem Boden. Er konnte nicht mehr aufstehen. Der Schlitten war Schrott. Das Paket mit dem Tret-Traktor war unbeschädigt.

Die Christnacht neigte sich dem Ende zu. Die erste Morgenröte schickte schon vereinzelte Strahlen über den Horizont. Jetzt war guter Rat teuer. Zuerst galt es den schwer verletzten Rudolf zu versorgen. Das war zu Zeiten ohne Handys auch für himmlisches Personal kein leichtes Unterfangen. Wie kontaktiert man den himmlischen Tier-Rettungs-Service?

Nun, unbemerkt von den Menschen schwirren immer wieder Engel aller möglichen Gattungen durch den Raum. Schutzengel, Botenengel (die zum Beispiel die bayrische

Staatsregierung mit himmlischen Ratschlägen versorgen sollen - in der Hoffnung, dass sie nicht im Hofbräuhaus versumpfen :-) Engel in geheimer Mission und viele mehr.
Ein solcher Botenengel flog mir glücklicherweise über den Weg. Auf diese Weise konnte der Abtransport des geschrotteten Schlittens und des verletzten Rentieres unkompliziert in die Wege geleitet werden.

Nun stand ich da, mit einem Paket, dem letzten der damaligen Weihnachtstour, mitten in der Pampa. Ich ergab mich in mein Schicksal und schulterte es. Eine Weile ging das ja ganz gut, doch dann drückte das unhandliche Geschenk schwer auf meine Schultern. Ein Sack, wenn auch erheblich gewichtiger, ist da viel einfacher zu tragen.
Schwer schnaufend setzte ich das festlich verpackte Paket ab und hockte mich auf einen Baumstumpf am Wegesrand. Ärgerlich starrte ich das Paket an. Der kleine Lukas hätte sich ja auch ein etwas kleineres Weihnachtsgeschenk wünschen können. Es muss doch nicht immer alles gleich im XXL- Format sein!

Während ich so da saß und das Paket anstarrte, kam mir ein Gedanke! warum tragen, wenn in dem Paket etwas steckt, das fahren kann! Gedacht, getan! Ritsch! Ratsch war das Geschenkpapier aufgerissen, der Karton aufgeklappt und der Traktor stand vor mir. Geschickterweise konnte der Traktorsitz etwas verstellt werden, sodass ich mich mit Mühe und Not hinter das Lenkrad klemmen konnte. Die Füße auf die Pedale! Und ab ging die Post!

03 Tuning

"Oh, das ist aber schade", piepste das kranke Sternputzengelchen.
"Was ist schade?" wollte der Weihnachtsmann wissen.
"Nun, ein Weihnachtsgeschenk, das nicht eingepackt ist, ist doch kein richtiges Geschenk!" meinte das Sternputzengelchen.
"Keine Sorge, das hab ich schon wieder hingekriegt," brummte der Weihnachtsmann verschmitzt, "zu was haben wir denn himmlische Zauberkräfte zur Weihnachtszeit?"
Der Weihnachtsmann rutschte auf seinem Stuhl hin und her und erzählte weiter:

Die Post ging ab wie die Feuerwehr, weil es zunächst bergab ging. Aber nach einer Abfahrt folgt zumeist ein Aufstieg. Dabei wurde aus der Feuerwehr eher eine Schneckenpost. So konnte das nicht weitergehen! Da würde ich ja mein Ziel nie erreichen! Glücklicherweise befand sich am Bergkamm eine Tankstelle mit Werkstatt.

"Bernd's Bastelstube – 24 Stunden dienstbereit" war da zu lesen.

Zuerst gönnte ich mir im Tankshop eine Cola; ja auch ein Weihnachtsmann lebt nicht nur von himmlischen Manna (langjährige Leser der Weihnachtsmann- Adventskalender-Geschichten wissen, dass ich für mein Leben gern Riesenbratwürste auf Weihnachtsmärkten esse - vom Glühwein will ich an dieser Stelle nichts erzählen).

Bernd war in dem Laden nicht nur fürs Basteln zuständig, sondern auch für das leibliche Wohl der Gäste, die sich an diesen entlegenen Ort der Welt verirrt hatten. Sein Bart hätte mir alle Ehre gemacht, nur das mit dem Haupthaar, das wäre mir dann doch zu licht gewesen.

Wie das so ist, kamen wir ins Gespräch. Vom Hundertsten ins Tausendste. Ich klagte ihm meine liebe Not mit der beschwerlichen Treterei.

"Wenn's weiter nichts ist", meinte er, "bau dir doch einen Elektromotor ein!"

"Woher nehmen und nicht stehlen, und das auf die Schnelle!" antwortete ich.

"Ei, ich hab da so ein altes Ding rumliegen, das schenk ich dir. Ich bin froh, wenn es weg ist".

"Pah, was nützt mir das Teil, wenn ich von Technik keine Ahnung habe?"

"Ist doch kein Problem. Um die Zeit kommt eh niemand vorbei, das Ding werden wir schon schaukeln".

Gesagt, getan, wir beide hämmerten und schraubten, dass es eine wahre Wonne war. Ich hatte richtig Spass an der Arbeit. Durch himmlischen Zauber wurde die Heilige Nacht etwas ausgedehnt, sodass ich mit dem so getunten Tret-Traktor doch noch zur rechten Zeit bei dem kleinen Lukas ankam. Auf diese Weise kam Lukas zum ersten elektrounterstütztem Tret- Traktor der Welt.

"Das ist aber lustig", *meinte das kranke Engelchen, das jetzt schon etwas besser aussah.*

"So lustig war das aber gar nicht", *entgegnete der Weihnachtsmann. "Den Tret-Traktor hatte ich zwar gerade noch fristgerecht ausgeliefert, nun stand ich aber in dieser entlegenen Gegend und wusste nicht, wie ich zu-*

rückkommen sollte, denn, was die meisten nicht wissen, ohne meinen Schlitten konnte ich die weite Strecke in den Himmel nicht bewältigen, damals wenigstens noch nicht".
"Und? Wie hast du es dann geschafft?"
„Du wirst es kaum glauben, auch wieder mit einem Traktor".
„Mit einem Traktor in den Himmel?"
„Also pass auf, das war so..."

04 Der kleine rote Traktor

„Bei meinen weihnachtlichen Geschenktouren komme ich viel rum. Und manchmal, du wirst es kaum glauben, erlebt man die tollsten Geschichten", sagte der Weihnachtsmann zu dem gespannt lauschenden Sternputzengelchen

„Da bin ich aber gespannt", meinte das Sternputzengelchen neugierig.

„Dann hör gut zu", meinte der Weihnachtsmann, räusperte sich und begann mit seiner Erzählung:

Es war einmal ein kleiner roter Traktor. Er war schon alt und hatte viele Jahre dem Bauern treue Dienste geleistet. Bei seiner Arbeit hatte er sich einige Schrammen und Beulen eingehandelt. Aber er klagte nie. War dankbar, wenn er ab und an frisches Öl erhielt. Freute sich, wenn seine vielen Gelenke mal wieder abgeschmiert wurden. In letzter Zeit stand er immer öfters in einem dunklen Eck im Schuppen, rostete still vor sich hin und träumte von seiner Jugend, in der er mit seinem lustigen „Tuck Tuck" die Kinder des Dorfes erfreut hatte.

Der kleine rote Traktor war traurig. Seit der neue, große, rote, starke Traktor auf dem Hof Einzug gehalten hatte, kam er immer seltener zum Einsatz. "Tuck", sagte er zu der schwarz weiß gepünktelten Katze:

"Tuck, die Menschen sind schon undankbar, Tuck, Tuck. Da hat man ihnen so viele Jahre treu gedient und jetzt wird man in das dunkelste Eck der Scheune verschoben. Da steh ich jetzt schon seit Wochen, beladen mit allerlei Gerümpel und kann mich gar nicht regen, weil meine Batterie ganz kraftlos ist",

"Miau", antwortete die Katze. "So sind sie die Menschen. Ein undankbares Volk. Früher, als ich noch jung war, wollte mich jeder auf dem Hof streicheln. Und heute, da mein Fell struppig geworden ist, wollten sie mich am liebsten loswerden!"

Da ging das Tor auf. Grelles Sonnenlicht fiel in den Schuppen.

"Dort hinten, steht das gute Stück", hörte der kleine rote Traktor den Bauern sagen.

"Was zahlst du für den Schrotthaufen?"

Hinter dem Bauern zwängte sich ein Mann mit einer Glatze, den der kleine rote Traktor noch nie gesehen hatte, durch das Gerümpel.

"Nun, viel ist der ja nicht mehr Wert. Wenn ich dir noch was dafür gebe, kriege ich ja weniger raus, als mich meine Arbeitszeit kostet!"

Der kleine rote Traktor wollte seinen Ohren nicht trauen. Er sollte doch nicht etwa verschrottet werden! Das durfte doch nicht wahr sein!

Nachdem der fremde Mann den kleinen roten Traktor ausgiebig untersucht hatte, hörte er den Bauern sage:

"Was soll ich denn mit dem ollen Ding? Seit ich den neuen Traktor habe, steht der so und so nur noch rum und blockiert mir den Platz zum Unterstellen meiner neuen Maschinen".

„Mach einen guten Preis und ich nehm ihn mit, dann hast du Platz!" sagte der Mann mit Glatze. „Gehen wir raus aus diesem staubigen Loch, ich glaub wir werden uns schon handelseinig werden".

Rums! Schloss sich das Scheunentor.

Der kleine rote Traktor war traurig. Er drückte noch einen letzten Öltropfen aus seinem Getriebe und heulte jämmerlich. Hund und Katz, Gans und Huhn, die Maus und der kleine Sperling, der ihr immer die verlorenen Getreidekörner wegstibitzte, konnten den kleinen roten Traktor nicht trösten.

Nach einer durchweinten Nacht fasste der kleine rote Traktor einen Plan. Er würde sich doch nicht verschrotten lassen! Nein, das hatte er nicht nötig! So alt waren seine Gelenke noch nicht! Er wollte es dem Bauern schon zeigen, zu was er noch fähig war. Der kleine rote Traktor, rüttelte und schüttelte sich. Die Batterie suchte die letzten Stromreserven im letzten Eck ihrer Kammern. Die erhitzten Gemüter der Glühkerzen gaben einen kräftigen Funken, der Motor saugte Treibstoff aus dem Tank und "Tuck" und noch ein "Tuck" , der Motor setzte sich langsam in Gang!

Zum Glück für den kleinen roten Traktor hatte der Bauer am Abend vergessen das Tor zu schließen. So konnte er vorsichtig seinen

Stellplatz im hintersten Eck der Scheune verlassen. Frohgemut tuckerte er über die Landstraße. Seine Scheinwerfer erhellten mit ihrem schummrigen Licht nur notdürftig die Landstraße. Aber das war nicht weiter schlimm, weil er ja eh nur langsam fahren konnte.

05 Traktor trifft Weihnachtsmann

„Das ist aber gemein von dem Bauern, dass er den kleinen roten Traktor so einfach verschrotten wollte".

„Das seh ich auch so. Aber „Undank ist der Welten Lohn" lautet ja nicht umsonst ein Sprichwort", pflichtete der Weihnachtsmann dem Engelchen bei.

„Und was hat der kleine rote Traktor mit dir zu tun?"

„Ha, lachte der Weihnachtsmann, „ob du es glauben willst oder nicht, der ist mir doch geradewegs über den Weg gefahren?"

„Ehrlich, schummelst du jetzt nicht ein bisschen?"

„Aber, aber! Ein Weihnachtsmann schummelt doch nicht!" antwortete der Weihnachtsmann.

„Also pass auf, das war so..."

Ich wanderte lustlos auf der Landstraße. Im Kopf rechnete ich mir aus wie lange ich brauchen würde bis ich den Mondstrahlpass erreicht hätte. Nun, einige Tage Fußmarsch hatte ich schon vor mir. Ich ergab mich in mein Schicksal und ging in Gedanken versunken auf der nächtlichen Landstraße in Richtung Schnittpunkt Mondstrahlpass / Erdtangente[3].

Auf einmal hörte ich ein lautes Knattern hinter mir. "Tut, tut" machte das knatternde Etwas und hielt genau auf mich zu.
"Geh mir aus dem Weg!" rief das knatternde Ding, das sich bei genauem Hinsehen als ein in die Jahre gekommener Traktor entpuppte.
"Ich fahr dich über den Haufen!" drohte er.
"Nun mal langsam mit den jungen Pferden", antwortete ich lachend.
"Was gibt es da zu lachen?"
"Na, hör mal, die Straße ist doch breit genug!"
"So, meinst du? Ich lass mich doch nicht einfangen, dass ich verschrottet werden kann!"
"Wer will dich schon verschrotten?"
Da klagte der kleine rote Traktor mir sein Leid.

---

[3] Kinder, die gut aufpassen können der Weihnachtsmann mit seinem Schlitten schon mal sehen, wenn er sich auf dem Mondstrahlpass der Erde nähert.

"Das ist aber nicht richtig. So einen Traktor wie dich können wir gut gebrauchen", sagte ich. „Wenn du willst nehme ich dich mit in den Himmel. Da kannst du dich im Lager der Weihnachtsmann GmbH & Co KG richtig nützlich machen".
(Habt ihr schon einmal gehört, dass ein Traktor in den Himmel kommt? Ich nicht. Aber es gibt halt Sachen zwischen Himmel und Erde, die sind schier unglaublich).
Das ließ der kleine rote Traktor sich nicht zweimal sagen. Er war sehr gespannt wie ihm der himmlische Diesel-Manna munden würde.

Ich kletterte hinter das Steuerrad. Der Traktor warf seinen Motor an und ab ging es. Durch ein bisschen zusätzliches himmlisches Power- Tuning erreichte der kleine rote Traktor eine Geschwindigkeit, von der er bisher nur zu träumen gewagt hatte. Er platzte fast vor Stolz. So war ich im Handumdrehen am Fuße des Mondstrahlpasses.

Aber wo ist jetzt der kleine rote Traktor", wollte das Engelchen wissen.

"Der, der ist wieder bei seinem Bauern".
"Wie, der wollte ihn doch verschrotten!"
"Ach was, das hatte der kleine rote Traktor ganz falsch verstanden. Der Mann, der ihn kaufen wollte, das war ein Oldtimerfan. Der wollte ihn wieder herrichten und mit ihm zu Oldtimertreffen fahren".
"Und?"
"Nichts und, Pass mal auf, war das war so ...

Der Bauer hat natürlich dumm geguckt, als er am nächsten Morgen den kleinen roten Traktor nicht mehr in seiner Wagenhalle vorfand. Er dachte natürlich, dass der Oldtimerfan ihm den kleinen roten Traktor in er Nacht geklaut habe. Das war ein Theater bis der Bauer davon überzeugt war, dass der gute Mann mit dem Fehlen des kleinen roten Traktors nichts zu tun hatte.
Und jetzt kam, was kommen musste. Der Bauer merkte, dass die Arbeitskraft des kleinen roten Traktors an allen Ecken und Enden fehlte. Der neue Traktor hatte keinen Balkenmäher. Der Bauer musste mühsam von Hand das Gras unter den Weidezäunen

mähen. Wie sollte er den Holzanhänger in die alte Scheune ziehen. Der neue starke Traktor war zu hoch!!!

Ach hätte ich bloß den kleinen roten Traktor wieder" stöhnte der Bauer. Das blieb natürlich nicht verborgen. Einer der herumschwirrenden Engel hatte diesen Stoßseufzer aufgeschnappt und brühwarm an den kleinen roten Traktor weitergegeben.

Der kleine rote Traktor war natürlich stolz, dass er die Wägelchen mit den vielen Weihnachtsgeschenken von einer Lagerhalle zur anderen und schlussendlich zum Schlittengespann des Weihnachtsmannes ziehen durfte. Aber ihm fehlte etwas. Der kleine rote Traktor hatte Heimweh.

Das hatte ich natürlich schon längst bemerkt. Glücklich nahm der kleine rote Traktor das Angebot an, mich auf eine Einkaufstour auf die Erde begleiten zu dürfen. Freudig ratterte er den holprigen Mondstrahlpass hinunter. Es hätte nicht viel gefehlt und er wäre vor lauter Übermut aus einer der Kurven im hohen Bogen hinausgeflogen.

Nachdem mich der kleine rote Traktor zu allen Geschäftsterminen sicher und pünktlich chauffiert hatte, erreichen wir seinen heimischen Bauernhof. Dort entließ ich ihn aus meinen Diensten. Der Bauer staunte nicht schlecht, als er an einem Morgen den kleinen roten Traktor blitzblank geputzt und in einem einwandfreien technischen Zustand in seiner Scheune sah. Er umrundete sein Schmuckstück und flüsterte:

„Dich geb ich nicht mehr her, nicht um alles Geld der Welt!"

„Tuck", antwortete der kleine rote Traktor und strahlte noch mehr wie zuvor.

06 Die Geschichte von dem Rind, das kein Kälbchen wollte

„Weihnachtsmann, du kannst mit ja mit Maschinen sprechen. Das hab ich gar nicht gewusst!"

„Oh, das wissen die wenigsten Menschen, dass Maschinen auch beseelt sind", antwortete der Weihnachtsmann.

„Wie merkt man das, dass diese Menschen das wissen?" wollte das Sternputzengelchen wissen.

„Du musst sie beobachten, die Menschen. Manche sprechen liebevoll z.B. mit ihrem Auto, wenn es sie sicher nach Hause gebracht hat. Andere schimpfen, zum Beispiel mit dem Computer, wenn er nicht das tut, was sie erwarten".

„Aha", sagte das Sternputzengelchen nachdenklich.

„Also pass auf", fuhr der Weihnachtsmann fort, „da hab ich neulich folgende Geschichte gehört, die aber nichts mit Maschinen zu tun hat":

Vor langer, langer Zeit lebte auf einem Bauernhof ein kleines Kälbchen. Es tollte mit seiner Mutter auf der Weide herum und begleitete sie jeden Abend in den Stall. Das Kälbchen hieß Erna und freute sich an jedem neuen Tag und wuchs zu einem stattlichen Rind heran.

Eines Tages führte die Mutter Erna an den Rand der Weide, wo die leckersten Kräuter wuchsen, und sagte:
"Erna, es ist an der Zeit, dass du dir einen kräftigen Bullen suchst und eine Familie gründest".
Das Jungrind Erna hörte die Worte der Mutter, sagte aber nichts.
"Erna", fuhr die Mutter fort, "ich hab da an den Bullen Emmerich aus unserer Herde gedacht. Das ist ein properer Kerl und würde gut zu dir passen".
Erna hörte auf zu grasen und blickte ihrer Mutter in die großen, dunklen Kuhaugen.
"Liebe Mutter", antwortete Erna, "ich höre deine Worte wohl, doch lass mir noch etwas Zeit, bis dass ich mich entschieden habe".

So gingen einige Monate ins Land. Erna wurde das schönste Rind auf der Weide und heimste bei allen Schönheitswettbewerben die ersten Preise ein. Eines Tages fügte es sich, dass der Bulle Emmerich und Erna abseits der Herde grasten.

Emmerich stupste Erna mit dem Kopf und sagte:

"Erna, willst du von mir ein Kälbchen haben?"

"Holla", antwortete Erna, "nicht so schnell mit den jungen Pferden, pflegt man zu sagen. Ich weiß wohl, nach was dir ist. Aber glaubst du, ich will mir meine schöne Figur ruinieren? Ich habe es bei meinen Tanten und Freundinnen gesehen. Nach der Hochzeit mit dir wäre es aus damit. Ich würde dick und rund, meine Euter würden schrecklich groß werden und mich beim Laufen hindern. Das Kälbchen würde mich täglich mit seinem Durst und Hunger plagen, mit seinem Geblöke meine Ruhe stören und die Milch, die ich übrig hätte, würden der Bauer und seine Mägde täglich aus meinem Euter melken. Nein, Emmerich, das ist nicht mein Lebensziel. Ich will am Contest "Schönstes Jungrind der

Welt" teilnehmen und da werde ich mir doch nicht meine Figur ruinieren!"

Traurig wendete sich der Bulle Emmerich ab und trabte zurück zur Herde, während Erna still vergnügt sich weiterhin die besten Gräser suchte.

Eines Tages, abends im Stall. Der Bauer kam mit seiner Frau. Sie untersuchten ihre Kühe und Rinder. Bei Erna blieben sie stehen und schauten besorgt drein.

"Schön ist sie, unsere Erna", hörte sie den Bauern sagen, "sie hat das Zeug eine klasse Kuh zu werden. Aber leider ist sie noch nicht tragend. Wenn sich das in nächster Zeit nicht ändert, müssen wir leider den Metzger bestellen, denn eine nutzlose Fresserin können wir uns nicht leisten".

Erna erschrak. Sie wusste wohl, was ihr blühte, wenn der Metzger sie abholte. Keine ihrer Artgenossinnen war jemals von diesem Metzgersgang zurückgekehrt. Erna konnte die ganze Nacht nicht schlafen.

Endlich hatte sie einen Plan gefasst, den sie gleich am nächsten Tag umsetzen wollte.

Kaum auf der Weide, entfernte sie sich langsam von der Herde. Ihre Artgenossen waren es von Erna gewöhnt, dass sie sich absonderte, weil sie sich als etwas Besseres fühlte. Die Kühe sagten manchmal hinter ihrem Rücken „so eine eingebildete Kuh". So störte sich niemand daran, auch nicht der Bulle Emmerich, der immer noch ein Auge für sie übrig hatte.

Erna hatte schon längst festgestellt, dass der Weidezaun an einer Stelle alt und brüchig war. Hier musste es klappen. Erna nahm Anlauf und sprang über den Zaun. Mit den Hinterbeinen blieb sie zwar am Stacheldraht hängen, aber das tat nicht weiters weh. Erna strebte schnell auf das kleine Wäldchen hinter der Weide zu. Sie zwängte sich durch das dichte Unterholz und war vor den neugierigen Blicken der Menschen und dem Rest der Herde geschützt. Erna suchte sich als erstes ein lauschiges Plätzchen in Mitten der feinsten Gräser und würzigsten Kräuter und schlummerte friedlich ein.

07 Vom Regen in die Traufe

„Hat die Erna eigentlich keine Angst gehabt?" wollte das Sternputzengelchen wissen.
„Ach wo, wer sollte ihr schon etwas tun? Erna war groß, stark und flink. Wilde Tiere, die sie zu fürchten gehabt hätte gab es auf diesem Teil der Welt nicht", meinte der Weihnachtsmann, aber pass auf, was weiter passierte":

So zog Erna unbehelligt durch Wald und Feld. Eines Tages sah sie am Waldrand eine herrliche Wiese mit fettem Gras. Erna dachte sich: "Das kommt mir gerade recht. So ein leckeres Mittagessen hatte ich schon lange nicht mehr".
Erna zupfe sich hier ein Gräschen und dort ein Gräschen. Auf einmal merkte sie, dass sie bis zum Bauch in der sumpfigen Wiese eingesunken war. Da gab es kein Vor und Zurück.

Nach einiger Zeit kam der Bauer, dem diese Wiese gehörte.

"Ei, wer hat sich denn hierher verirrt. Du kommst mir gerade recht. Meine alte Kuh ist an Altersschwäche verendet, da kann ich dich gut brauchen".
Der Bauern legte Erna ein Strick ums Maul. Das war Erna gar nicht gewöhnt, aber was sollte sie tun? Sie konnte sich nicht selbst befreien. So musste sie in dieser misslichen Situation ausharren bis der Bauer mit zwei Pferden zurückkam, die Erna aus dem Sumpf zogen. Da half kein Bocken und Zerren. Erna musste hinter den Pferden her trotten, wenn sie sich nicht den Kopf vom Halse ziehen lassen wollte.
Erna wurde in einem dunklen Stall, den sie sich mit Schweinen und anderem Getier teilen musste angebunden. Es war aus mit der großen Freiheit. Jeden Tag wurde Erna losgebunden und ging sie nicht freiwillig, wurde sie mit Stockschlägen aus dem Stall getrieben. Hier wurde sie vor einen Wagen gespannt und musste Kärrnerdienste leisten. Der Wagen war nie leicht beladen, denn der Bauer sagte:
"Stell dich nicht so an, du bist jung und kräftig, auch wenn mein Wagen größer wäre,

müsstest du ihn ziehen können. Was meine alte Kuh konnte, musst du schon zweimal können".

Stockhiebe gab es genug, Futter weniger und wollte Erna am Straßenrand eine kleine Vesperpause einlegen und ein paar Gräser mit langer Zunge rupfen, wurde ihr dieses Ansinnen mit kräftigen Schlägen verleidet.

So ging das Tage und Wochen. Erna ward schon lange nicht mehr das propere Jungrind. Sie war über und über mit Kot verschmiert, da ihr Platz im Stall nur selten neu eingestreut wurde.

Eines Tages, der Bauer war mit dem Pferdegespann in die Stadt gefahren, bemerkte Erna, dass ihre Kette nicht richtig angelegt war, denn der Bauer hatte es eilig gehabt in die Stadt zum Markt zu kommen. Erna schlüpfte aus der Kette heraus und verließ so schnell sie konnte den unwirtlichen Stall. Sie versteckte sich im dichten Unterholz des Waldes und wanderte langsam weiter.

„Das hätte ich auch gemacht", meinte das Sternputzengelchen. „Dass es so böse Menschen gibt, die die armen Tiere so quälen!"

„Ach", brummte der Weihnachtsmann, „ da gibt es noch viel schlimmere Fälle.
„Ehrlich?"
„Natürlich, was glaubst du, was in meinem Goldenen Buch so alles steht! Aber jetzt ist es glaube ich an der Zeit, dass wir eine Pause machen und du dich ein bisschen gesund schläfst", brummte der Weihnachtsmann und verließ leise das Krankenzimmer, nachdem er das Sternputzengelchen zugedeckt hatte.

08 Die große Freiheit

Am nächsten Morgen wartete das Sternputzengelchen ungeduldig auf den Weihnachtsmann.

„Da bist du ja endlich! Ich bin so gespannt wie es mit der lieben Erna weitergeht".

„Die Erna, ja Hochmut wird manchmal schwer bestraft", sagte der Weihnachtsmann.

„Oh, ist Erna was Schlimmes passiert?" wollte das Sternputzengelchen wissen.

„Dann muss ich mich wohl setzen und dir die Geschichte weiter erzählen", lachte der Weihnachtsmann, ließ sich auf den Stuhl neben dem Bett fallen, dass der aus allen Fugen ächzte.

Am Ende des Waldes kam Erna auf eine Weide mit sattem Gras. Eine große Herde stattlicher Rinder zog langsam in der Ferne vorüber. Erna, des Alleinseins müde, trabte zu ihnen hinüber. Erstaunt blickten die Rinder Erna an.

"Woher kommst du denn" wollten sie wissen.

"Ach", antwortete Erna, "mir wurde es auf meinem heimatlichen Hof zu eng. Ich wollte hinaus in die große weite Welt".

"Nun, die große weite Welt hast du gefunden. Wir haben hier endlose Wiesen, die für uns jeden Tag Futter in Hülle und Fülle zu bieten haben. Auf einen Fresser mehr oder weniger kommt es nicht an".

Erna war's recht. Sie gesellte sich zu den Rindern und zog mit ihnen weiter. Nachdem sie sich gesättigt hatte, legte sie sich nieder und fragte ihre Nachbarin.

"Was ist denn eure Aufgabe hier auf dieser Weide?"

"Aufgabe, was soll die Frage. Wir sind hier um die Wiesen und Hänge abzuweiden".

"Und wenn ihr damit fertig seid?"

"Fertig? Fertig sind wir eigentlich nie. Wenn wir an einem Ende der Weide sind, fangen wir vorne wieder an".

"Und sonst will niemand was von euch?"

"Was sollte man von uns wollen?"

"Nun, müsst ihr denn nicht arbeiten? Kommt niemand um euch zu melken?"

"Nein, warum denn auch. Wenn wir groß und kräftig sind, werden wir von einem großen

Wagen abgeholt, der uns ins Paradies bringt".

"Ins Paradies?"

"Ja, ins Paradies, so sagen die Menschen immer, die sich die größten und schönsten unter uns aussuchen".

Nachdenklich kaute Erna auf ihren Gräsern. Ihr schwante Schreckliches.

Einige Tage später rumpelte tatsächlich ein großer Karren an den Rand der Weide. Menschen schwärmten aus und trieben die Herde in seine Richtung. Da standen sie nun, dicht bei dicht.

"Die da hinten" rief einer und dabei deutete er auf Erna, "die können wir noch nicht gebrauchen. An der ist noch nichts dran. Die kommt heute noch nicht mit".

"Noch nichts dran!" Das konnte doch nur bedeuten, dass es noch nicht lohnend war Erna dem Schlachter zuzuführen. Deshalb also die gute Versorgung! Erna beschloss für sich auf so ein Paradies zu verzichten.

In der nächsten Nacht sonderte sich Erna von der Herde ab Als alle fest schliefen schlich sie sich von dannen. Sie versteckte sich in dem tiefen Wald und dachte nach. Was hatte sie von ihrer Freiheit? Sie vermisste auf einmal den heimischen Bauernhof. Ihre Mutter, die Tanten und Cousinen und den Bullen Emmerich. Eigentlich war der doch ein patenter Kerl und das mit dem Kälbchen? So eine eigene Familie zu haben, das wäre doch eigentlich schön. Über diesen Gedanken schlummerte Erna ein.

Am Morgen machte sie sich auf den Weg. Über Berge, durch Täler und Flüsse wanderte sie bis sie eines Tages den heimischen Bauernhof in der Ferne sah. Mit klopfendem Herzen sprang sie wieder über den alten, brüchigen Weidezaun und knabberte an den altbekannten Gräsern. Erschöpft von der langen anstrengenden Wanderschaft legte sie sich hin und schlief ein.

"Das ist doch Erna!" hörte sie eine bekannte Stimme. Eine raue Zunge leckte über ihren Kopf. Erna öffnete die Augen und sah ihre Mutter, die Cousinen und den Bullen Emmerich, die alle um sie herumstanden und sie mit einem freudigen "Muh, muh" begrüßten. Alle wollten wissen, wo sie so lange geblieben sei, was sie alles erlebt habe. Es gab viel zu erzählen und das Muhen wollte kein Ende nehmen und wurde immer lauter.

"Jetzt muss ich doch einmal schauen, was da draußen auf der Weide los ist", sagte der Bauer zu seiner Frau. Beide gingen hinaus und wunderten sich nicht schlecht als sie die Kuh Erna erblickten.
"Na, so etwas!" rief der Bauer erstaunt. "Das hätte ich mir nicht träumen lassen, dass unsere Erna den Weg zurück findet". Sprach's und machte sich auf, um zur Feier des Tages einen Schubkarren voll mit bestem Futter zu holen.

Ja, Erna und der Bulle wurden sich dann doch noch einig in ihrem Liebeshändel und übers Jahr hatte Erna ein wunderschönes Kälbchen zur Welt gebracht und ward eine fürsorgliche Mutterkuh. Und wenn sie nicht gestorben sind dann leben sie noch heute und versorgen den Bauern mit Milch und Kälbchen.

09 Katzen haben sieben Leben

„Kennst du noch mehr Geschichten von Tieren?" wollte das Sternputzengelchen wissen.
„Ja, natürlich", antwortete der Weihnachtsmann. Wenn ich meine Erkundungs- und / oder Einkaufsgänge auf Erden unternehme, treffe ich natürlich auch viele Tiere, die mir ihr Leid klagen, oder lustige Begebenheiten erzählen".
„Au fein, da kannst du mir sicher eine erzählen!" rief das Sternputzengelchen erfreut und setzte sich in seinem Bettchen auf.
Der Weihnachtsmann überlegte kurz. Dann zog ein Schmunzeln über sein Gesicht.
„Ich kenn da eine Geschichte, die dramatisch anfing und doch ein gutes Ende fand".
„Da bin ich aber gespannt", antwortete das Sternputzengelchen.
„Also", begann der Weihnachtsmann, „auf einem Bauernhof lebten einst sieben Katzen und zwei ganz junge Kätzchen. Und von denen handelt diese Geschichte. Pass auf":

„Mami, darf ich rüber in den Stall spielen?" bettelte Kitti.

„Kitti", antwortete die Katzenmama streng, „ich hab dir schon ein paar Mal gesagt, dass das zur Zeit gefährlich ist. Bauer Friedfried hat in dem großen Laufstall die Spalten[4] herausgenommen. Ich hab dir gezeigt, dass da ein großes, tiefes Loch klafft, gefüllt mit alter stinkender Gülle. Wenn du da rein fällst, kannst du jämmerlich ertrinken".

„Aber Mama, was soll ich denn im Laufstall, wenn da gar kein Boden mehr drin ist!"

„Egal, du gehst mir so lange nicht in den Stall, bis Bauer Friedfried wieder die neuen Spalten eingesetzt hat!"

Und wenn Mama Sissy etwas sagte, dann meinte sie es auch. Dann nützte alles Bitteln und Betteln nichts. Das wusste Kitty wohl. Schmollend verzog sie sich in den Spalt hinter dem Hasenstall.

---

[4] Spalten sind Betonbalken, die über den Güllekanal, der unter ihnen liegt, gelegt werden. Zwischen den einzelnen Splaten ist ein schmaler Schlitz, durch den der flüssige und feste Mist abfließen kann.

Es dauerte nicht lange, da kam ihre Schwester Mimi angekrochen.

„Komm wir spielen im Stall. Bauer Friedfried hat neues Heu auf dem Futtertisch abgeladen. Da können wir schön Verstecken spielen".

„Mama hat gesagt, wir dürfen zur Zeit nicht in den Stall, weil die Spalten des Laufstalls erneuert werden".

„Ach, was Mama immer nur hat. Wir wollen doch nicht im Laufstall spielen, sondern im Heu toben".

Schwester Mimi ließ Kitty keine Ruhe bis diese endlich einwilligte. Vorsichtig schlichen sich die beiden Kätzchen an Pünktelchen und Schnurri, ihre älteren Schwestern, vorbei. Mama Sissi war nicht zu sehen. Wahrscheinlich war sie wieder auf Mäusejagd. Kitty fand das blöd. Meistens brachte Mama von ihren Beutezügen eine Maus mit. Dann mussten sie das noch zappelnde Nagetier fangen und tot beißen. Mama Sissi war unerbittlich. Sie passte genau auf, ob ihre Kleinen auch alles richtig machten. Das Beste war dann ja der gemeinsame Mausschmaus. Mama Sissi ließ ihren Kindern immer die besten Stücke. Kitty stand da mehr auf Katzen- Trocken- Fast- Food. Jeden Morgen streute der Stallmanager[5] leckeres Trockenfutter in allen Geschmacksrichtungen auf den Boden. Das knackte dann immer so schön, fast wie die Knöchelchen einer frisch gefangenen Maus.

Kitty und Mimi tobten in dem Heu umeinander. Bohrten sich lange Gänge durch das lockere Futter, sprangen vom Geländer in das weiche Heu. Aber irgendwann waren sie dessen überdrüssig, bauten sich ein Lager und kuschelten sich aneinander.

„Miau!"
„Wer war das?" wollte Mimi wissen.
„Das muss Pünktelchen gewesen sein", meinte Kitty.
Beide spitzten die Ohren.
„Miau!"
„Pünktelchen, ganz sicher", flüsterte Kitty.
„Komm wir gucken mal was da los ist", schlug Mimi vor.

---

[5] Früher sagte man Knecht dazu

Vorsichtig und ganz leise schlichen sich die beiden Schlingellinchen so weit aus dem Heu, dass sie sehen konnten was da los war. Richtig. Pünktelchen saß auf den ersten neu verlegten Spalten und schaute gespannt in die Tiefe des Güllekanals.
„Miau!" rief sie.
„Was da bloß los ist?" wollte Mimi wissen.
„Pass auf, da kommt Schnurri", warnte Kitty.
Mit Schnurri war nicht gut Kirschen essen. Schnurri verteilte schon mal Ohrfeigen, wenn die Kleinen zu aufdringlich waren. Da war sie wie die Mama. Herzensgut, aber streng.
Schnurri ging zu Pünktelchen und setzte sich neben sie. Gebannt starrten beide in die Tiefe.
„Was da wohl spannendes zu sehen ist?" wollte Mimi wissen.
„Bestimmt eine Ratte", meinte Kitty.
„Bist du dir da sicher?" fragte Mimi ungläubig.
„Aber hundertpro! Wahrscheinlich so ein Riesenteil, das dich mit einem Haps verschlingen kann!" gab Kitty an.
Mimi lief es heiß und kalt über den Rücken.

„Komm, wir ziehen ab", sagte sie und zupfte Kitty am Ohr.
„Hast du Schiss?" wollte Kitty wissen.
„Nein, Schiss nicht direkt, aber ..."
„...aber schon! Ich zeig dir mal was eine richtige Katze ist!" Ehe Mimi noch etwas sagen konnte, war Kitty schon aus ihrem Versteck geschossen. Mit einem Satz saß sie am Rand des Güllekanals.

10 Freischwimmer

„Ui", meinte das Sternputzengelchen, „die Kitty ist aber ganz schön mutig".
„Mutig würde ich das nicht nennen. Das war sehr leichtsinnig", meinte der Weihnachtsmann. „Die Katzenmama Sissi wusste schon wo Gefahren lauerten. Sonst wäre sie nicht so alt geworden".
„Puh", sagte das Sternputzengelchen, „was ist in einem Stall schon gefährlich?"
„Oh, da kann allerhand passieren. Einmal nicht aufgepasst und schon hast du einen Tritt von so einem Rindsvieh im Kreuz. Für eine Katze kann das schlimme Folgen haben. Aber pass auf wie die Geschichte weitergeht:

Pünktelchen und Schnurri war es nicht entgangen, dass ihre kleine neugierige Schwester sich an den Rand des Güllekanals gewagt hatte.
„Verschwinde, das ist nichts für kleine Mädchen!" schimpfte Pünktelchen.
Kitty rührte sich nicht.

„Muss ich kommen und dir die Ohren lang ziehen?" fauchte Schnurri.

Kitty störte sich nicht dran. Sie starrte hinunter in den Güllekanal. Keine Riesenratte war zu sehen. Nicht einmal eine klitzkleine.

„Komm zurück!" flehte Mimi ihre Schwester an.

Aber Kitty rührte sich nicht vom Fleck.

„Ich glaub mit der kleinen Göre muss ich mal Tacheles reden", sagte Schnurri und erhob sich von ihrer Lauschposition.

Derweil war in Kitty der Jagdinstinkt erwacht. Nun wollte sie es genau wissen. Riechen tat es ja. Nicht nur nach Rinderkaka. So ein bisschen Ratte lag da schon in der Luft. Kitty beute sich vorsichtig nach vorne. Sie streckte ihr Köpfchen über die Kante. Da unten bewegte sich doch was. Kitty rutsche noch ein wenig weiter vor. Richtig, die flüssige Gülle kräuselte sich doch. Was konnte das nur sein? Das Näschen musste noch ein wenig vor, um den Duft genau aufsaugen zu können.

„Ratte, mh, Ratte! Da ist mehr dran, als an einer mickrigen Maus!"

„Wenn ich die fange, da würde Mama aber staunen! Da würde sie nicht einmal schimpfen, dass ich ihr Verbot missachtet habe!" dachte sich Kitty.

Kitty überlegte sich, wie sie am besten an ihr Opfer rankommen würde. Dabei rutsche sie immer weiter nach vorne, bis, ja bis sie das Gleichgewicht verlor und kopfüber in die Tiefe stürzte!!!

„Platsch" machte es und Kitty landete in der braunen, zähflüssigen, stinkenden Brühe. Kitty hatte bislang noch keine Schwimmerfahrungen gemacht. Wie alle Katzen mied sie Wasser, wenn es irgend ging. Aber jetzt paddelte sie um ihr Leben.

„Miau!" rief sie.

„Das hast du davon!" schimpfte Schnurri und wandte sich angeekelt ab.

Starr vor Schreck saß Pünktelchen hoch oben auf den neuen Spalten und überlegte sich, wie es dem Schwesterchen zu Hilfe kommen könne.

„Miau!" rief sie laut.

Mimi verkroch sich vor Schreck im Heu und weinte bitterlich: „Miau"

Das Miauen lockte den Stallmanager an. Der schaute hinab in die Tiefe des Güllekanals und sah Kitty hilflos in der Gülle paddeln.

Kitty blickte traurig zu dem Stallmanager hoch. Der zuckte mit den Achseln. Allein konnte er da nichts ausrichten. Schnurstracks machte er sich auf den Weg, um Bauer Friedfried zu holen. Der war Gott sei Dank nicht weit, ließ alles stehen und liegen und die beiden eilten herbei. Sie blickten hinunter und suchten das verunglückte Kätzchen.

„Mit einer Schaufel müsste es gehen", meinte Bauer Friedfried. „Aber wo ist das Kätzchen denn?"

Beide Menschen starrten hinab in den dunklen Güllekanal. Nichts war mehr zu sehen.

„Versoffen", meinte der Stallmanager.

„Kein schöner Tod", sagte Bauer Friedfried, zuckte mit den Achseln und wandte sich seiner abgebrochenen Arbeit wieder zu.

„So ist das Leben", dachte sich der Stallmanager, griff zu seinem Besen und wollte den Futtertisch säubern.

Aber was waren denn das für Spuren? Vom Güllekanal, quer über den Futtertisch, Richtung Katzeneck!
Der Stallmanager folgte kopfschüttelnd der Spur. Da sah er den kleinen Unglücksraben! Total verschmiert hockte das Kätzchen zitternd auf dem Fensterbrett. Schnell eilte der Stallmanager in die Küche, rief die Bäuerin, füllte einen Eimer mit lauwarmem Wasser und steckte das arme Hascherl hinein. Ob es wollte oder nicht, die starken Hände des Stallmanagers hielten es fest und rubbelten es sauber. Zwischenzeitlich hatte die Bäuerin ein Handtuch geholt und das kleine Kätzchen darin eingewickelt und trocken gelegt.

Was war passiert?
Kitty hatte in ihrer Not einen Schnellkurs im Schwimmen gemacht und hatte paddelnd eine Insel aus festen Kuhfladen erreicht. Mit letzter Kraft konnte sie mit einem Sprung die hohe Mauer überwinden. Sie war gerettet. Jetzt hat sie nur noch sechs Leben.

„Da hat sie aber Glück gehabt" meinte das Sternputzengelchen.

„Das kann man wohl sagen", sagte der Weihnachtsmann.

Kennst du eigentlich noch andere spannende Geschichten von Tieren", Wollte das Sternputzengelchen wissen.

Der Weihnachtsmann nickte.

„Oh, fein! Da erzählst du mir sicher eine".

„Das kann ich schon, aber nicht jetzt, den jetzt muss ich mich mal wieder um meine Arbeit kümmern. Engel Technicus hat mir signalisiert, dass es da ein paar Ungereimtheiten bei den Wunschzetteln gibt", sagte der Weihnachtsmann und schlich sich aus dem Zimmer, denn der kleine Patient war plötzlich eingeschlafen.

11 Albträume

„Du hast mir versprochen noch eine spannende Geschichte von den Tieren auf dem Bauernhof zu erzählen", quengelte das Sternputzengelchen, das gar nicht mehr so krank aussah.
„Hm", brummte der Weihnachtsmann, „manchmal träume ich sogar schon davon".
„Du träumst von den Tieren auf einem Bauernhof?"
„Warum denn nicht? Ich kenn da einige Landwirte, die ich ab und an im Laufe des Jahres inkognito besuche. Da wird es einem nicht langweilig. Das lebt dann in den Träumen weiter".
„Ach bitte, erzähl mir doch so einen Traum!"
„Also gut, wenn es unbedingt sein muss! Aber die nächste Geschichte will ich dann von dir hören. Abgemacht?"
Das Sternputzengelchen nickte. Der Weihnachtsmann begann zu erzählen:

Schon von Weitem war zu hören, dass im Stall Party war. Das war ein Muhen und Brüllen, dass es an ein Wunder grenzte, dass die Nachbarschaft noch nicht auf die Barrikaden gegangen war. Der Stall war auch nicht mehr das, was er war. In ihrer Partylaune hatten die Rindsviecher Löcher in die Wände gestoßen. Einige viele von den kleineren Rindsviechern hatten die Gelegenheit beim Schopf ergriffen und ein bisschen an der großen Freiheit geschnuppert; sprich, sie machten sich im Galopp vom Acker. Eins tat sich auf der Terrasse an den schönen Blumenkästen gütlich. Schön waren sie danach nicht mehr. Davor standen noch mehrere andere Exemplare, die beim Anblick des Herrn auf Zeit die Flucht ergriffen.

Es war spät am Abend. Das roch nach Arbeit. Nach viel Arbeit. Die Nacht schien gelaufen. Aber es ließ sich gut an. Das eine Rindsvieh hatte genug von der Terrasse und deren Futterangebot, besser gesagt, Futter war da mal. Es kam bereitwillig zu mir und mangels eines Stricks, legte ich einen Arm um seinen Hals - was das Rindsvieh sichtlich genoss - ich wollte es in Sicherheit bringen.

Sicherheit hieß eigentlich Stall, aber Stall war ja mal, denn er war löchrig wie ein Schweizer Käse. Also wollte ich es in der Garage parken. Gesagt getan. Jedoch hatte ich die Rechnung ohne den Wirt gemacht, denn mit dem Rindsvieh im Arm war die Garage nicht zu öffnen.

Das Rindsvieh zog. Ich ging mit. Wir machten eine Runde um das lädierte Anwesen. Mir wurde klar, dass ich das Problem nicht ohne Hilfe aus der Welt schaffen würde. Also Bauer Friedfried anrufen. Der würde sich zwar freuen, so mitten in der Nacht gestört zu werden, aber das war nun mal sein Job. Handy war zur Hand, aber leider war seine Nummer auf diesem Handy nicht gespeichert. Jetzt war guter Rat teuer. Ich musste ins Haus. Zum Telefon. Und das mit dem Rindsvieh im Arm.
Telefon. Im Prinzip ein guter Gedanke. Aber der Teufel saß wie immer im Detail. Das Rindsvieh im Arm ließ sich zwar willig führen, aber trotzdem schaffte ich den Bogen zum häuslichen Telefon nicht. Wie sollte das auch

gehen: Mit einem ausgewachsenen Rindsvieh durch eine Wohnungstür.

Da näherte sich ein junger Bäckersmann (in voller Montur), der sich ob meines Erscheinens nicht mehr kriegte. Er bog sich vor Lachen. Ich bat ihn um Hilfe.

"Das Rindsvieh in die Garage des Bauern Friedfried? Kein Problem!"

Von wegen und. Auch mit seiner Hilfe kriegten wir die Kurve in die Garage nicht. Da half auch das Singen von melodischen Weisen nicht. Das Rindsvieh folgte zwar brav, eingelullt von meinen Gesangskünsten, doch die Realität war gegen mich.

Die nächste Runde um das Anwesen war gespickt mit neuen Herausforderungen. Bagger hatten Erdhaufen aufgeworfen. Riesenschaufeln versperrten den Weg, anfangs. Sie machten bereitwillig Platz als sie die seltsame Prozession wahrnahmen. Ich immer noch das Rindsvieh im Arm. Ich kam mir vor wie im Märchen „Die Goldene Gans" Ich zwängte mich durch die Baustelle, ein fröhliches Lied auf den Lippen (leider ist mir Melodie und Text entfallen; im ESC[6] hätte ich locker einen der ersten Plätze damit belegt). Zwischenzeitlich hatte sich um das bäuerliche Anwesen ein Kaufhaus breit gemacht. Der Bäcker hatte sich in Luft aufgelöst. Ich war auf mich selbstgestellt. Mit dem Rindsvieh im Arm bahnte ich mir meinen Weg durch das Gewirr der Räume. Und tatsächlich ich war wieder vor der Garage, die sich aber immer noch nicht öffnen ließ. Also noch eine Runde.

„Das ist aber ein ganz schön anstrengender Traum", meinte das Sternputzengelchen.
„Das kannst du wohl sagen! Was glaubst du wie ich am nächsten Morgen fertig war!
„Aber das war's dann doch, oder?"
„Mitnichten! Die Geschichte geht noch weiter. Aber das erzähle ich dir erst morgen."

---

[6] European Song Contest

12 Psychodelisch

„Jetzt bin ich aber gespannt wie diese verrückte Geschichte weitergeht", sagte das Sternputzengelchen.
„Oh je", lachte der Weihnachtsmann, „das wird noch verrückter!"
„Da bin ich aber gespannt!" antwortete das Sternputzengelchen und richtete sich in seinem Bettchen auf.

Diesmal hatte ich einen anderen Weg gefunden. Eine schmale Holztreppe führte steil nach oben. Das Weiterkommen war durch eine Holztür verwehrt. Durch ein verschmiertes Fenster blickten wir (das Rindsvieh und ich) hinein. Wir schauten in eine Schneiderwerkstatt, in der man nicht schneiderte, sondern schwarze Schweine züchtete. Mit einem "oink oink" hier, und einem "oink oink" da. Auf mein Klopfen näherte sich der Schneider.

"Was willst du?"
"Ich muss das Rindsvieh in den Stall bringen".

"Pah, da weiß ich was Besseres! Einen Sack über den Kopf und am Samstag ab damit in den Schlachthof!"

"Aber nicht mit meinem Rindsvieh!" schimpfte ich.

Der Schneider lachte. Ein Mordsschwein verdrängte ihn vom Fenster und gab dem Rindsvieh einen Kuss. Davon ward dieses nicht begeistert, drehte sich um, hob den Schwanz und seuchte dem vorwitzigen Schwein einen kräftigen Strahl auf die Schweineschnauze.

So weit, so gut. Ich hatte das Rindsvieh zwar immer noch sicher im Arm - es schien das auch immer noch zu genießen, denn es wehrte sich nicht. Rettung, sprich ein Parkplatz für das Rindsvieh, war immer noch nicht in Sicht. Wir irrten weiterhin in dem Kaufhaus umeinander. Öffneten Kleiderschrank um Kleiderschrank, aber kein Ausweg tat sich auf. Engel Technicus, weiß Gott wo der herkam, stellte fest, dass es Kleiderschränke gäbe, in denen man ganze Koffer aufbewahren könne. Das war zwar interessant, aber nicht gerade hilfreich in dieser Situation.

Zwischenzeitlich war das Management des Kaufhauses auf uns aufmerksam geworden. Sie meinten, dass dies kein Aufenthaltsort für einen Weihnachtsmann und ein Rindsvieh wäre. Dem war nicht zu widersprechen.

Endlich hatte ich (immer noch mit dem Rindsvieh im Arm) den Weg nach draußen gefunden. Wir waren auf einer belebten Straße. Aus einer schmalen Seitengasse hörte ich Musik. Ein pittoresker Umzug quoll heraus. Pauken und Trompeten mit Tschingderassassa Bum Bum übertönten den Straßenlärm. Vornedran ein Rollstuhlfahrer, der von einem Greis geschoben wurde. Der Greis rief immer wieder:

"Das ist ein psychodelischer Japaner!"

Typisch Viktor von Bülow, alias Loriot. Dessen bin ich mir ganz sicher, denn ich hab genau hingeguckt.

"Das ist ein psychodelischer Japaner!"

Das war wohl eher ein psychodelischer Traum.

„Mann, oh Mann", staunte das Sternputzengelchen, „was du so alles zusammenträumst. Da kann ich nicht mithalten".

„Aber trotzdem bist du jetzt mit einer Geschichte dran", sagte der Weihnachtsmann und gönnte sich einen tiefen Schluck aus seiner Teetasse.

13 Des Breitmaul- Schnabelgauls Zähmung
Eine nächtliche Ballade

„Ich hab da ein Gedicht, gilt das auch?" fragte das Sternputzengelchen.
„Ein Gedicht? Ja wenn es von dir ist! Warum nicht", antwortete der Weihnachtsmann gespannt.
„Weist du, ich träum manchmal von ganz irren Lebewesen, die es eigentlich gar nicht gibt", machte das Sternputzengelchen weiter.
„Da wäre ich mir nicht so sicher", sagte der Weihnachtsmann, „wer weiß, vielleicht gibt es auf einer anderen Welt ganz weit draußen im Universum genau diese Lebewesen, von denen du behauptest, dass es sie nicht gäbe".
Das Sternputzengelchen sah den Weihnachtsmann ungläubig an, zuckte mit den Schultern und fuhr fort:
„Stell dir ein Pferd vor, das einen Kopf hat wie ein Schnabeltier, bloß mit einem viel breiteren Schnabel. Deshalb wird es in

Fachkreisen Breitmaul- Schnabelgaul genannt".
„Interessant, dann fang mal an", ermunterte der Weihnachtsmann gespannt das Sternputzengelchen.

Im Zoo machst du mit bei einem Tanz
dabei ist ganz
nah vor dir ein Pärchen Breitmaul-
Schnabelgaul- Tiere.
Oder waren es sogar Viere?
Diese Gattung ist sehr niedlich
und eigentlich auch äußerst friedlich.
Es sei denn, und das trifft hier zu,
man belästigt sie in ihrer Ruh.
Stell dir vor, mit einem Knall
kommst du zu Fall -
und stößt mit deinem Hintern
an den Breitmaul- Schnabelgaul- Hintern.
Das dreht sich um.
Bum!
Es senkt den Kopf.
Will es dich armen Tropf
beißen?
Instinktiv tust du hochreißen
deinen Arm,

der eingepackt in einer Jack von feinstem Garn.
Im Winter gibt sie Schutz.
Jetzt sie wirkt als Trutz-
Burg vor dem ärgerlichen Tiere.
Beißen wollen Gott sei Dank nicht alle Viere.
Du weichst zurück.
So ganz gebückt.
Das Tier
hast du ganz konzentriert im Visier.
Es bleibt ruhig stehen.
Du kannst seine Beißer sehen.
Mit tief gesenktem Breitmaul- Schna-
belgaul- Genick
hat es nur dich in seinem Blick.
So kann es den kleinen Jungen nicht erspähen,
der von hinten sich tut nähern.
Er sich setzt schnell -
und das war hell -
auf das geschlossene Maul
von dem Breitmaul-Schnabelgaul.
Aus seiner Tasch
Holt er ganz rasch
eine lange Schnur.
Die wickelt er jetzt nur

noch von dem gesenkten Schnabel
bis hinunter zum Bauchnabel.
Und eins, zwei, drei, vier
macht er dem ganz verdutzten Tier
am Schnabelmaul einen Knoten;
das ist aus Tierschutzgründen eigentlich verboten.
Stolz führt der junge Mann
jetzt die Polonaise an -
Mit dem Breitmaul- Schnabelgaul,
der eigentlich ist faul,
an der Leine.
Schade, Fotos gibt es von diesem Traume keine,
denn irgendwie verheddert sich der Apparat
in meiner Tasche - was nicht apart,
denn so lässt sich nicht dokumentieren,
der wilde Traum von den Breitmaul- Schnabelgaul- Tieren.

„Bravo!" rief der Weihnachtsmann und klatschte in die Hände. „Das ist ja eine richtige Ballade!"
„Danke," flüsterte das Sternputz- Engelchen.

14 Die Lyrik des Spülens

„Kannst du eigentlich dichten?" wollte das Sternputzengelchen wissen.
„Ich? Eigentlich nicht", antwortete der Weihnachtsmann verlegen. „Aber ich kenn da jemand, der verfasst „Gedichte aus Anlass", so sagt er wenigstens."
„Was ist denn das?"
„Nun, wenn ihn ein Problem drückt, dann macht er ein Gedicht dazu und dann ist das Problem kein Problem mehr".
„Und das geht?"
„Nun, er behauptet es wenigstens. Da ist zum Beispiel das leidige Spülen des Geschirrs (wenn man keine Spülmaschine hat). Das hört sich dann so an":

Ein Mensch, der viel gegessen hat
räkelt sich auf seinem Stuhle – er ist satt.
Er träumt vom Nichtstun!
Er will sich ausruh'n!
Doch sein Blick, er gleitet über'n Tisch:
Da stehen Teller, Gläser – Alles nicht mehr frisch.
Seufzend er sich aus dem Stuhl erhebt,

niest, dass alles klirrend bebt.
Missmutig packt er das Geschirr
und bringt es in die Küche, mit viel Geklirr!
Der holden Ehefrau entfleucht ein Seufzer,
wieder fehlt ein Glas! Das kostet Kreuzer!

Der Mensch, er pendelt zwischen Tisch und Küche.
Seinen Lippen entweichen üble Flüche:
Verdammt noch mal, was soll der Sch...!
Von der Stirn rinnt schon der Schweiß.
Er eilt hinaus und schleppt herein,
Er bringt die Teller groß und klein.

Vom Abräumen ist er erschöpft.
Da gewahrt er in der Küche noch viele Töpf!
Es schwant ihm Schlimmes! Er wittert Unheil!
Doch, keiner nimmt an seinen Sorgen teil.
Die Küche! Hier steht alles voll!
Der Mensch, der findet das nicht toll.
Auf dem Boden, auf dem Stuhl und auch dem Tisch,
steh'n Teller, Töpfe mit und ohne Fisch.
Da hilft kein Jammern, da hilft kein Klagen,
hier kann der Mensch niemand um Hilfe fragen!

Jetzt muss er auch noch auf die Toilette laufen,
Ach Klopapier! Vergessen zu kaufen!
Auf diese Weise dann doch erleichtert,
versucht er es, nunmehr sehr erheitert.

Die Speisereste, die nicht appetitlich:
Ein Lappen wischt sie in den Eimer – sittlich.
Auch aus Schüsseln und eingebrannten Töpfen
Lässt sich manch Restchen schöpfen.
Ins Chaos muss jetzt ein System.
Der Mensch, kann's einfach nicht mehr seh'n.
Jetzt ist Ordnung anvisiert.
Jetzt wird alles klassifiziert.
Denn Spülen ist nicht Spaß und Spiel!
Spülen ist ein Lebensziel!
Zuerst die sensiblen Sachen.
Gläser, die soll'n doch später lachen.
Denn kommt zu Besuch die Nachbarin,
Klappt's nur, wenn keine Flecken drin.

Also Leute aufgepasst,
Wie das so ein Profi macht!
Zuerst das Besteck und alles and're,

Was per Hand zum Mund so wand're.
Dann Teller, Schüsseln, Brettchen
Und am Schluss die vielen Töpfchen.
Steht dann alles in der richt'gen Reih,
hat der Mensch auch Spaß dabei!
In der Spüle Becken groß
Fließt jetzt heißes Wasser bloß.
Während es so plätschert fein,
Darf ein Spritzer Spüli rein.
Bis es dann so richtig schäumt,
ist der Spültisch aufgeräumt.
In das Becken gleich daneben
Muss man auch nen Stöpsel geben.
Denn in diesem kleinen Becken
Muss auch heißes Wasser stecken.
Klar muss dieses Wasser bleiben,
muss des Spülis Schaum vom Abwasch treiben.

Jetzt geht es los! Die Ärmel hochgekrämpelt!
Jetzt, jetzt wird keine Zeit mehr verplempert!
Glas um Glas, Messer, Gabel, Löffel, Tasse
Der Mensch, alles taucht er in das Nasse.
Mit des Schwämmchens feinen Poren
Geht's dem Schmutz jetzt an die Ohren.
Sachte, mit gezielter Kraft,

wird er weggespült, der Saft.
Alles, was nicht appetitlich,
macht das Wasser langsam dicklich.
Es schwimmt und taucht in grauer Brüh'.
Der Mensch hat damit keine Müh'.
Fließe Wasser, fließe heftig,
spül die Reste, die noch lästig,
spüle sie den Abfluss runter
durch den muff'gen Siphon munter.
Lasse diesem Speisedreck
Keine Zeit für ein Versteck.
Links entsteht ein Berg von Porzellan –
Alles hat der Mensch in seinem Wahn
ganz akkurat gestapelt, alles strahlt,
sieht jetzt aus wie frisch gemalt.
Jetzt ist gleich das Handtuch dran,
meist das Geschäft für den Ehemann.
Trocken ist es und ganz frisch.
So geht's der Feuchte an den Kragen mit einem Wisch.

Alles was am Tische stand,
wandert wieder in den Schrank.
Der Mensch, hat er die Spüle dann geputzt,
ist das neue Handtuch auch verschmutzt.

Der Mensch, nun kann er ruhen auf dem Sofa.
Es klingelt: draußen steht die Oma mit dem Opa.
Da deckt er den Tisch für Kaffee und auch Kuchen.
Von vorn geht's los, es ist zum Fluchen.

„Ui, da geht es uns aber gut im Himmel. Wir müssen nicht Spülen. Das himmlische Manna ist doch echt praktisch. Bröselt nicht, man kann nicht kleckern und satt macht es auch", meinte das Sternputzengelchen.
„Nun ja", brummte der Weihnachtsmann, „Manna, ich will ja nichts dagegen sagen, aber so eine Riesenbratwurst ist auch nicht zu verachten".
„Riesenbratwurst?" das Sternputzengelchen schaute den Weihnachtsmann fragend an.
„Das erklär ich dir ein ander Mal", meinte der Weihnachtsmann verlegen.

15 Der Drachenprinz

Am nächsten Tag schlich sich der Weihnachtsmann wieder in das Krankenzimmer des Sternputzengelchens. Dieses hatte schon auf den Weihnachtsmann gewartet. Es ging ihm sichtlich besser. Vergnügt saß es in seinem Bettchen und lutschte an einem Stück Manna-Spezial[7].
„*Schokoladengeschmack, echt gut! Wills'te mal probieren?" fragte es den Weihnachtsmann.*
„*Danke nein. Ich hab schon meine Ration. Mich hat man auf Diät gesetzt. Dass ich ein paar Kilo abspecke. Damit die Rentiere sich nicht unnötig anstrengen müssen", antwortete der Weihnachtsmann.*
„*Du hast mir versprochen mir mal ein Märchen zu erzählen, ein Märchen, das bisher noch in keinem Märchenbuch zu finden ist!"*
„*Stimmt", sagte der Weihnachtsmann, „so etwas findet man nur, wenn man sich im*

---

[7] Manna-Spezial – eine himmlische Köstlichkeit. Vergleichbar mit den „Bertie Botts Bohnen aller Geschmacksrichtungen", Harry Potter und der Stein der Weisen S. 115 Carlsen 1998

Märchenland auf die Suche nach solchen Raritäten macht".
„Darf ich eines hören?"
„Warum denn nicht, wir haben doch alle Zeit der Welt oder? Dann pass mal auf":

In einer Zeit, an die sich viele nicht mehr erinnern, in einem längst vergessenen Teil der Märchenwelt, lebte ein König. Der hatte einen Sohn. Als es an der Zeit war, dass dieser sich eine Prinzessin zur Frau nehmen sollte, schickte der König Boten in alle Königreiche und fragte an, ob eine Prinzessin gewillt sei, sich mit seinem Sohn zu vermählen. Da der König sehr reich war und sein Hof von allen geschätzt wurde, und der Königssohn ein schöner, kluger Jüngling war, gab es keinen Mangel an Bewerberinnen.
Aber vor lauter Schönheit und Klugheit ward der Königssohn stolz geworden, herrschsüchtig und eitel. Eine um die andere Prinzessin machte sich auf den Weg in das Königreich des alten Königs von Dukatien. Aber der eingebildete Königssohn ließ alle Prinzessinnen abblitzen. Die eine war ihm zu

schlau, die andere zu groß, die nächste zu dick und die letzte war ihm zu dumm.

Die Kunde von dem eingebildeten Königssohn drang in die entferntesten Königreiche vor und kein König und keine Königin wollten mehr ihre Prinzessinnen ermuntern, sich den Prinzen von Dukatien anzuschauen. Der alte König ward traurig, ob des Verhaltens seines Sohnes und sprach:

„Mein lieber Sohn. Ich bin alt und meine Tage sind gezählt., mach mir doch noch eine letzte Freude und vermähle dich mit einer Prinzessin, auf dass die Nachfolge in unserem Königreich gesichert sei".

„Vater", sprach der Jüngling freundlich, „ich würde schon wollen, aber keine Prinzessin war bisher so rein und klug, dass sie es Wert gewesen wäre, die Nachfolge meiner Mutter als Königin anzutreten".

Das hörte der alte König gern. Doch trübte es andererseits sein Herz, dass er alsbald vor Kummer verschied. In seiner Trauer um den Vater vergaß der Königssohn seine Heiratspläne. Sein einzig Trachten war, die Reichtümer seines Vaters zu vermehren. Er wurde raffgierig und mit jedem Schatz, den er seinen ursprünglichen Besitzern abnahm, verschloss sich sin Herz. Hart und ungerecht war er gegen seine Untertanen und durchreisende Kaufleute, dass sein Reich bald von Fremden gemieden wurde.

Eines Tages wurde von seinen Grenzwachen eine außergewöhnliche Reisegruppe angekündigt. Eine junge Königstochter, deren Schönheit und Verstand ihresgleichen suchte, kam mit großem Tross in Begleitung ihrer Mutter zu seinem Schloss. Der königlichen Kutsche folgten viele mit Geschmeiden und kostbaren Preziosen voll geladene Wagen.
Die Königin und ihre Tochter wurden mit großem Prunk empfangen. Ein Festmahl, wie es das Königreich schon lange nicht mehr gesehen hatte, wurde ausgerichtet. Als es an der Zeit für die Tischreden war, erhob sich die Königin, klopfte mit einer goldenen Gabel an ihren Weinkelch und sprach:
„Mein lieber König von Dukatien. Bis in unser fernes Reich ist die Kunde gedrungen, dass du eine Prinzessin zur Frau suchst, die dir an Schönheit und Klugheit gleich kommt und die

wie du über eine übervolle Schatzkammer verfügt. Nun, ich glaube, meine Tochter erfüllt alle Bedingungen, die du an die Vermählung stellst".

Die Prinzessin schaute in freudiger Erwartung zum König auf. Dieser erhob sich und begann:

„Hochwürdige Königin, liebreizende Prinzessin, Es ehrt mich, dass Ihr mich ausgewählt habt. Jedoch - und hier machte er eine Pause – die Königstochter, die mir an Schönheit und Weisheit gleich kommt und deren Schätze die meinen übertreffen, muss erst noch geboren werden".

„Ui, das war aber heftig!" meinte das Sternputzengelchen.

„Heftig ist stark untertrieben. Welche Folgen seine Erwiderungen haben wird, das werde ich dir morgen erzählen", sagte der Weihnachtsmann.

„Das ist gemein! Das kannst du nicht machen! Immer, wenn es spannend wird, hörst du auf!"

16 Verwünscht

„Jetzt bin ich aber gespannt, wie die Geschichte weiter geht", sagte das Sternputzengelchen.
„Das glaub ich dir, und deshalb will ich ohne Umschweife mit dem Märchen fortfahren", antwortete der Weihnachtsmann.

Kaum, dass der König diese Worte gesprochen hatte, wurde es totenstill im Saal. Eine eisige Kälte legte sich über die Festgesellschaft. Die Königin erhob sich von ihren Platz. Ihre Mine hatte sich verfinstert. Sie zog aus ihrem Ärmel einen unscheinbaren Stab, schwang ihn in die Richtung des Königs von Dukatien, dass dieser erstarrte. Die Königin rief mit schriller Stimme:
„Du Ausgeburt von Hochmut! Du wagst es meine Tochter, die Tochter der Königin der goldenen Zauberkunst zu verschmähen! Meinst du, ich hätte nicht von deinen Eskapaden gehört, die deinen Vater so grämten, dass er vorzeitig zu Grabe getragen werden musste? Meinst du, die Kunde über deine Habgier und deinen Hochmut wäre nicht in

mein Reich gedrungen? Hier und heute hattest du deine letzte Chance dein Leben zu ändern. Nun sollst du deine gerechte Strafe empfangen. Höre gut zu, welches Schicksal ich dir bestimme:

Ich verzaubere dich in einen Drachen! Weltliche Schätze, die du wie alle Drachen horten wirst, werden dir keine Befriedigung bringen. Von deinem Schicksal wirst du erst erlöst werden, wenn Menschen reinen Herzens, die kein Interesse an deinen weltlichen Schätzen haben, dich besiegen!"

Zum Schrecken aller Festgäste verwandelte sich der König von Dukatien in einen Feuer speienden Drachen, der mit einem Furcht erregenden Gebrüll die Decke des Festsaales durchstieß und am Himmel verschwand. Auf einer fernen Insel im Meer der untergehenden Sonne fand er auf einem hohen Berg in einer weitläufigen Höhle eine Bleibe. Er legte Schatzkammer um Schatzkammer an, denn in seinem Gram kannte er keinen anderen Lebenssinn, als die Anhäufung von Reichtümern. Je mehr er zusammen geraubt hatte, desto mehr Gefallen fand er an seinem derzeitigen Leben.

Viele Jahre zogen ins Land. Die Schätze des gefürchteten Drachen Drako mehrten sich ins Unermessliche. Doch in seinem tiefsten Herzen wohnte noch immer der Wunsch, eine Frau sein eigen nennen zu können.

In solchen Stunden bedauerte Drako, die schöne Prinzessin verschmäht zu haben. Insgeheim hoffte er, dass ein Mädchen ihn von seinem Schicksal erlösen könnte. Aber dem war nicht so, da der Fluch der Königinmutter ihm eine andere Prüfung auferlegt hatte. So viel Jungfrauen er auch raubte, sie konnten ihn von seinem Schicksal nicht erlösen. Da Drako trotz seiner Habgier und seines Hochmutes seinen guten Kern bewahrt hatte, ließ er die geraubten Jungfrauen mit Schätzen beladen immer wieder frei.

Eines Tages, als er die Königstochter von Drakonien als Opfer gefordert hatte, kam in das Königreich eine gar seltsame Reisegesellschaft. Ein weiser, alter Mann, gefolgt von vier Brüdern, von denen einer ein Jäger, einem Kunstschützen, einem Sterngucker, der über ein wunderbares Fernrohr verfügte, dem nichts verborgen blieb, einem Schneider, der mit seiner Nadel und seinem Faden alles zusammennähen konnte, sei es lebendig oder tot und einem Meisterdieb.

„An dieser Stelle unterbrechen wir die Geschichte für heute. Aber eines möchte ich dir noch sagen..."
„Und was bitte?" fragte das Sternputzengelchen
„Nun sei doch nicht so ungeduldig, ich sag's ja gleich. Der weise, alte Mann, das war ich! Du willst mir das nicht glauben? Vor einigen Jahren war ich auf der Suche nach den märchenhaften Weihnachtszauber, der auf der Welt abhanden gekommen war. Eine Spur führte uns in die Welt der Märchen, die bis dahin noch nicht geschrieben worden waren".
„Und das soll ich dir glauben?" Meinte das Sternputzengelchen...
Und wer genau so ungläubig wie das Sternputzengelchen ist, muss halt in der Adventskalender-Geschichte aus dem Jahre 2005 nachlesen. Da steht es schwarz auf weiß!

17 Erlöst

„Also, dann will ich dir heute den Rest dieses Märchens vom Drachenprinzen erzählen", sagte der Weihnachtsmann.
„Da bin ich aber gespannt!" rief das Sternputzengelchen, dem es von Tag zu Tag besser ging.
„Also, dann pass gut auf!"

Die Reisegesellschaft war auf der Suche nach einem märchenhaften Zauber, der in einer anderen Welt abhanden gekommen war. Dessen Versteck hatte der Sterngucker in der Höhle des Drachen Drako ausgemacht. Die Reisegesellschaft versprach dem König, seine Tochter zum Drachenberg zu begleiten und unter Einsatz ihres Lebens vor dem Drachen zu schützen.
Je mehr sie sich der Höhle des Drachen näherten, desto unwirtlicher wurde die Landschaft. Kleine, dürre Bäume streckten ihre Äste wie um Hilfe suchend in die Luft. Das Gezirpe der Grillen war verstummt. Unerbittlich brannte die Sonne auf diesen öden Fleck. Da ertönte aus der Tiefe des Berges

ein furchtbares Grollen. Fauchend suchten sich Rauchschwaden ihren Weg aus Felsspalten und Bodenritzen. Die Sonne verfinsterte sich, denn Drako der Drache schwebte über ihnen. Er sog Luft ein, um erneut ein Feuer- und Rauchspektakel abzuziehen.

„Halt die Luft an, Drako!" rief der weise alte Mann.

Vor Überraschung ob dieses respektlosen Tones verschluckte sich der Drache und musste husten. Ehe er weiter poltern konnte, fuhr der weise alte Mann fort:

„Drako, dein letztes Stündlein hat geschlagen, wenn du nicht auf meine Forderungen eingehst".

„Wer bist du überhaupt, dass du Forderungen stellen kannst!" fauchte der Drache.

„Ich bin ein weiser alter Mann und weiß um dein Geheimnis. Ich kann dir helfen, wenn du mir und meinen vier Begleitern einen deiner zu Unrecht geraubten Schätze, den der Sterngucker in einer deiner Höhlen ausgemacht hat, aushändigst! Wenn nicht, wird dir der Meisterschütze, mit einem Schuss aus seiner Büchse deine Lebensgeister ausblasen, und sein Bruder, der kunstvolle Schneider, dein Maul zunähen, auf dass du an deinem eigenen Feuer verbrennst!"

„Das ist ja lächerlich! Ihr Zwerge wollt mich besiegen? Aber sag einmal. Wo ist denn der Vierte abgeblieben?" wollte der Drache wissen.

„Der, das ist ein Meisterdieb und der ist in deine Höhle geschlichen, um das zu holen, was du nicht freiwillig herausgeben willst!" antwortete der weise alte Mann.

Als der Drache das hörte, stieg er Wut schnaubend in die Luft und wollte mit seinem Feuerhauch die Reisegesellschaft vernichten. Doch ehe er mit dem Einatmen fertig war, hatte der Meisterjäger seine Flinte angelegt, gezielt und genau die Stelle mit der fehlenden Schuppe vor seinem Herzen getroffen, denn Drachenjäger wissen, dass jeder Drache seine verwundbare Stelle hat.

Mit einem unbändigen Schrei stürzte Drako unfern von ihnen in ein tiefes Tal. Der Berg erzitterte wie bei einem Erdbeben, ein letzter Feuerschein, gefolgt von einer riesigen Rauchwolke, wie die eines Vulkanausbruches, stieg gen Himmel. Dann war es still.

Über das Gesicht des weisen alten Mannes huschte ein zufriedenes Lächeln. Er nahm die Königstochter bei der Hand und sagte:

„Du brauchst dich nicht mehr zu fürchten. Der Drache Drako ist vernichtet. Er wird dich nicht mehr bedrohen".

„Das nicht", ertönte eine freundliche Stimme hinter ihnen. „ Doch der endlich von seinem Fluch erlöste Prinz von Dukatien wird die schöne Königstochter in sein Reich entführen - aber nur, wenn sie es will und ihr Vater es erlaubt".

„Wo kommst du denn her", wollte die Königstochter wissen.

„Das ist eine lange Geschichte, die ich dir gern auf dem Weg zu deines Vaters Schloss erzählen möchte", antwortete der Prinz und geleitete die Prinzessin und die Reisegesellschaft sicher den holprigen Weg zurück ins Tal.

Ihr könnt euch denken, dass im ganzen Königreich ein Freudenfest wegen der Errettung der Prinzessin gefeiert wurde. Weitere Festivitäten hatte der Tod des gefürchteten Drachen Drako ausgelöst. Und das dritte Fest

war endlich die prunkvolle Hochzeit der Prinzessin mit dem erlösten König von Dukatien.
Für viele Menschen gab es noch ein viertes Fest, denn der neue und alte König von Dukatien gab allen die von ihm als Drache geraubten Schätze zurück und das mit Zins und Zinseszins. Denen, den er nichts geraubt hatte, weil sie nichts hatten, wurde er ein guter König, dem das Wohlergehen seiner Untertanen eine Herzensangelegenheit war.
Der weise alte Mann zog mit seinen Begleitern weiter. Zwar hatte der Meisterdieb die Hülle des märchenhaften Weihnachtszaubers unter den Schätzen des Drachen gefunden, aber leider nur die Hülle und nicht dessen Seele. Wie sie die schlussendlich fanden ist eine andere Geschichte, die schon erzählt worden ist".

„Weihnachtsmann, wenn du wirklich der weise alte Mann in diesem Märchen warst, dann kannst du mir sicher erzählen wie die Suche nach dem Weihnachtszauber ausgegangen ist", sagte das Sternputzengelchen.
„Mein liebes Engelchen, wenn du das wissen möchtest, musst du entweder in die Bücherei

gehen, oder beim Verlag für brotlose Kunst nachfragen, vielleicht kann der dir weiterhelfen", antwortete der Weihnachtsmann.

18 Nachgefragt

„Du hast mir versprochen mir noch ein Märchen zu erzählen!" bettelte das Sternputzengelchen.

„Ein Märchen? Warum nicht. Aber ich will dir die Vorgeschichte zu einem Märchen erzählen, die bislang noch nicht niedergeschrieben wurde!"

Das Sternputzengelchen sah den Weihnachtsmann verständnislos an.

„Weißt du, ich hab mich schon oft gefragt, was war da vorher? Zum Beispiel beim „Eisenhans". Wieso ist der in den Pfuhl gekommen? Bei einem meiner Besuche im Märchenland habe ich mich auf die Suche nach dem Eisenhans gemacht. Nachdem er von dem blonden Königssohn erlöst worden war, hatte er sich vom Acker gemacht. Aber ich habe ihn aufgespürt und nachgefragt!"

Das Sternputzengelchen guckte ungläubig. Es noch nie gehört, dass jemand im Märchenland gewesen sein soll.

„Ja, guck nicht so! Ich will dir erzählen wie es kam, dass der Eisenhans in den Pfuhl verwünscht wurde":

Es war einmal ein reicher König. Der hatte einen Sohn. Dieser war ein rechter Taugenichts. Er träumte in den lieben langen Tag und wollte gar nichts lernen.

„Ei Vater", sprach er, „was soll ich mich abmühen? Wir haben eh genug. Was sollen wir unsere Schätze mehren?"

Dem Vater gefiel das gar nicht. Er hatte gehofft, dass sein Sohn, wenn er nach seinem Tode an seine Stelle treten würde, das Reich weise und gerecht führen und die Schätze mehren würde. Da er mit ihm nicht zu Streich kam, stellte er Lehrer um Lehrer ein, die aber alle scheiterten und den Königssohn nicht zu erziehen vermochten.

Eines Tages, als der König schon alle Hoffnung aufgegeben hatte, sprach ein alter Mann vor, der vorgab den Sohn wohl auf den rechten Weg bringen zu können. Dem König war's Recht und er hieß den alten Mann mit seiner Arbeit zu beginnen.

Der Alte aber war ein Zauberer, der ausgesandt worden war, Menschen zu finden, die magische Kräfte in sich trugen. Er wusste, dass des Königssohns Mutter eine weise Fee gewesen war, die in Liebe zu ihrem Mann auf ein Leben im Feenreich verzichtet hatte. Im Feenblut des Königssohnes schlummerten Kräfte, dessen sich dieser nicht bewusst war.

Am nächsten Morgen bestellte der Alte den Königssohn zu sich. Dieser kam widerwillig herbei. Als ihm der Alte eröffnete, dass er sein neuer Lehrer sei, lachte der Königssohn und meinte:

„So viele kluge Lehrer sind schon an der Aufgabe gescheitert, mir etwas beizubringen. Und du meinst Erfolg zu haben?"

„Höre" sprach der Alte, „ich gebe dir drei Aufgaben. Wenn du die nicht erfüllst wird es dir schlecht ergehen!"

„Und, was soll ich tun?"

„Deine erste Aufgabe ist, die Goldschätze deines Vaters davor zu bewahren, dass sie nicht vom wilden Wasser, das durch die Schatzkammer deines Vaters fließt hinweg gespült werden":

„Wenn's weiter nichts ist", sprach der Königssohn und machte sich zu der Schatzkammer. Auf. Er schaute hinein und fand alles zum Besten. Dann setzte er sich vor die Tür, ließ sich die Sonne ins Gesicht scheinen und schlief ein.

Während er tief und fest schlief, tobte auf der anderen Seite der Schatzkammer ein furchtbares Unwetter. Das Wasser drang in die Schatzkammer ein spülte alles Gold hinweg. Weit entfernt im tiefen Wald stand ein trockener Brunnen. Hier sammelten sich goldenen Fluten.

Als der Alte am Abend kam und das Unheil sah wurde er zornig und sprach:

„Habe ich dir nicht gesagt, dass du auf die Goldschätze Acht geben sollst? Es wäre ein Leichtes gewesen, die Fluten in andere Bahnen zu lenken! Aber ich will's dir heute nachsehen. Komme morgen wieder zu mir und hole dir deine nächste Aufgabe ab.

„Ei", dachte sich der Königssohn, „das ist ein Lehrer wie die anderen auch, die sich nicht trauen mich zu strafen".

Am nächsten Morgen traf er wieder auf den Alten. Der sprach: „Gehe in das Gewandhaus deines Vaters und achte wohl auf die wertvollen Tücher deines Vaters, dass sie nicht zu Schaden kommen".

Der Königssohn tat wie ihm geheißen. Er öffnete die Tür zum Gewandhaus und fand alles zum Besten gerichtet. „Ei, was soll den Tüchern schon geschehen?" Er schloss die Tür hinter sich, setzte sich in die Sonne und schlief wieder ein.

Während er tief und fest schlief drang eine Hundertschaft von Mäusen in das Gewandhaus ein und machte sich dran die Tücher anzunagen.

Als der Alte am Abend kam und das Unheil sah, wurde er zornig und sprach:

„Habe ich dir nicht gesagt, dass du auf die wertvollen Tücher deines Vaters achten sollst? Es wäre ein Leichtes gewesen die Mäuse zu vertreiben! Ich will dir's heute noch einmal nachsehen. Komme morgen wieder zu mir und hole dir die letzte Aufgabe".

„Ei", dachte sich der Königssohn, „die letzte Aufgabe werde ich auch noch überstehen und dann bin ich den Alten los."

Am anderen Morgen traf er wieder auf den Alten, der mit besorgter Mine sagte:

„Deine letzte Aufgabe wird sein, den Pfuhl in dem Wald hinter eurem Schloss auszuschöpfen. Ich gebe dir drei Tage Zeit! Doch wehe dir, wenn du die Aufgabe nicht schaffst, wird es dir schlecht ergehen".

Der Alte führte ihn zum Pfuhl, gab ihm einen Eimer und verabschiedete sich wortlos.

Der Königssohn besah sich den Pfuhl, schüttelte den Kopf, nahm den Eimer, stellte ihn in den Schatten eines Baumes, setzte sich drauf und schlief ein.

Nach drei Tagen erschien der Alte, sah, dass nichts getan war und wurde zornig.

„Du bist noch nicht Wert, die Nachfolge deines Vaters antreten zu können. Ich verwünsche dich und bestimme, dass du in diesem Pfuhl leben sollst, mit zotteligen Haaren und Lumpen am Leibe bis du einem Mensch guten Herzens zum Glück verholfen hast".

Mit dem letzten Wort des Alten verschlang der Pfuhl den Königssohn und im Wald verstummte der Gesang der Vögel.

„Au, das ist aber eine harte Strafe", meinte das Sternputzengelchen nachdenklich.

„Ja, das kann man sagen", stimmte der Weihnachtsmann zu, „aber so ist das halt in den Märchen.
„Hat er lang warten müssen, bis er aus seinem Pfuhl befreit wurde?"
„Och, das kann man schlecht sagen. Weißt du, Zeit ist in Märchen ein dehnbarer Begriff. Das ist fast so wie im Himmel, da spielt Zeit auch keine Rolle".
„Das stimmt aber nicht ganz".
„Wieso?"
„Nun, du als Weihnachtsmann musst dich doch an die irdische Zeit halten. Du kannst doch Weihnachten nicht einfach ausfallen lassen!
„Das stimmt auch wieder", brummte der Weihnachtsmann.

19 Gefangen

„Also Weihnachtsmann", sagte das Sternputzengelchen, „ jetzt hast du mir Geschichten von Tieren und Märchen erzählt, aber was mich brennend interessieren würde, ist deine Aufgabe als Weihnachtsbote manchmal nicht auch gefährlich?"

Der Weihnachtsmann schaute den kleinen Engel nachdenklich an.

„Gefährlich? Gefährlich ist es eigentlich für ein himmlisches Wesen, wie ich es bin, eigentlich nicht. Obwohl, wenn ich auf der Erde bin, um zum Beispiel Bestellungen zu tätigen, unterliege ich zu einem gewissen Grad den irdischen Gesetzmäßigkeiten. Vor vielen Jahren rutschte ich doch tatsächlich einmal aus und musste mit einem komplizierten Armbruch in einem Krankenhaus behandelt werden".

„Wie ist denn das passiert?" wollte der Sternputzengel wissen.

„Och, das möchte ich eigentlich jetzt nicht erzählen (dem Weihnachtsmann war es peinlich zugeben zu müssen, dass er zuvor auf dem Weihnachtsmarkt ein Gläschen

Glühwein zu viel getrunken hatte[8]), aber ich kann dir von einer anderen spannenden Begebenheit berichten":

Vor vielen Jahren habe ich im Wilden Westen Amerikas Wege erkundet, damit ich in der Christnacht nicht durch unnötiges Suchen aufgehalten werden würde. Es war kalt. Ein eisiger Nordwind blies über die Prärie. Riesige Schneeverwehungen machten ein Vorankommen fast unmöglich. Meine Rentiere konnten das Schlittengespann fast nicht mehr ziehen, so erschöpft waren sie. Da sah ich in einer Senke ein Haus. Guten Mutes steuerte ich darauf zu. Türen und Fenster waren verrammelt. Das Haus war verlassen. Mit Mühe und Not konnte ich eine Tür aufbrechen, die Gott sei Dank auch groß genug war, um auch meinen Rentieren Unterschlupf zu gewähren. Vor dem Kamin war genügend Holz für ein Feuer gestapelt. Proviant hatte ich für mich auf dem Schlitten und im be-

---

[8] Vgl. „Der Weihnachtsmann im Krankenhaus" Weihnachtsmann-Adventskalender-Geschichte 1999

nachbarten Schuppen fand sich auch noch Heu für die Rentiere. Ich packte ein Ladung Schnee in einen Topf und kochte mir einen heißen Tee. Gesättigt und sicher vor der Unbill der Witterung überfiel mich der Schlaf.

Plötzlich rüttelte mich jemand unsanft wach. Ich blickte in das Gesicht eines bärtigen Mannes, der nicht vertrauenserweckend aussah. Hinter ihm stand eine Handvoll weiterer finsterer Gestalten.

„Wen haben wir denn da?" wollte er wissen.

„Ich bin der Weihnachtsmann", antwortete ich. (Nun muss man wissen, dass ich zu der Zeit als Weihnachtsbote noch nicht so bekannt war[9]).

„Weihnachtsmann, so einen Namen habe ich noch nie gehört. Ist auch egal. Wir brauchen deinen Schlitten. Den gibst du uns doch freiwillig, oder?" Dabei kitzelte er mich mit dem Messer am Hals.

---

[9] Bereits zu Beginn des 19. Jahrhunderts existieren erste Beschreibungen eines bärtigen Mannes, der auf einem Schlitten fahrend Geschenke verteilt. Den Weihnachtsmann wie wir ihn heute kennen, entspringt einer Werbeaktion der Firma Coca Cola zu Beginn der 30er Jahre des letzten Jahrhunderts. Wer mehr wissen will, kann das bei Wikipedia googeln.

Was blieb mir anderes übrig. Ich nickte stumm. Die lärmende Gesellschaft packte meine Vorräte und anderes brauchbares Zeug, was sie fanden, auf den Schlitten und versuchten die Rentiere vorzuspannen. Das missglückte ihnen gründlich. Die Rentiere schlugen aus und bissen um sich. Fluchend wandte sich der Führer der Bande an mich:
„Hörst du, du wirst jetzt deine Teufelstiere vor den Schlitten spannen, oder dein letztes Stündlein hat geschlagen!"
Ich erhob mich von meinem Lager und tat wie mir geheißen wurde. Johlend setzte sich die Bande auf den Schlitten und versuchte die Rentiere anzutreiben. Ihre Peitschenhiebe verpufften nutzlos in der Luft. Wut entbrannt kam der Bandenchef auf mich zu und brüllte:
„Ab mit dir auf den Kutschbock! Dir werden sie wohl gehorchen! Aber wehe, wenn du versuchst uns auszutrixen! Schau dir dieses Messer genau an! Dann hat dein letztes Stündlein geschlagen"
Nun davor hatte ich keine Angst. Einem himmlisches Wesen kann kein letztes Stündlein schlagen. Aber hier auf der Erde musste

ich mich fügen. Lustlos zogen die Rentiere an. Wieder ging es hinaus in den eisigen Sturm.

Eingepackt in wärmende Felle fuhren wir Stunde um Stunde über die Prärie. Der Chef der Bande hatte einen guten Orientierungssinn und führte uns trotz der schlechten Sichtverhältnisse auf sicheren Wegen zu dem Lager der unheimlichen Gesellen.

In einem engen Tal, geschützt vor den tobenden Elementen, standen einige Häuser aus grob behauenen Baumstämmen. Ich wurde umgehend in eine kleine Hütte gebracht, die sich an eine Felswand schmiegte. Zuvor musste ich aber die Rentiere ausspannen und in eine Koppel bringen, die eigentlich für Pferde gedacht war.

„Die Pferde sind uns von den Indsmen[10] gestohlen worden. Deshalb kommen uns deine Rentiere gelegen. Wenn sie sich nicht zähmen lassen, werden wir sie am Lagerfeuer braten".

---
[10] Indianer

Keine schönen Aussichten. Aber ich war mir sicher, dass sich alles zum Guten wenden würde.

„Hast du denn gar keine Angst gehabt?"
„I wo", antwortete der Weihnachtsmann. Was sollte mir schon passieren?"
„Erzähl doch weiter, bitte!"
„Nein, schau mal auf die Uhr. Die Besuchszeit ist für heute vorbei. Du brauchst Ruhe, dass du am 24. Dezember fit bist.
„Warum sollte ich da fit sein müssen?" wollte das Sternputzengelchen wissen.
„Das wirst du dann schon sehen", sagte der Weihnachtsmann.

20 Befreit

„Jetzt bin ich aber gespannt wie es weiter geht", sagte das Sternputz-Engelchen ungeduldig, als der Weihnachtsmann das Krankenzimmer betrat.

„Nicht so hastig, mein liebes Sternputz-Engelchen", lachte der Weihnachtsmann und setzte sich auf den Stuhl neben dem Krankenbett. „Ich glaube dem kleinen Patienten geht es schon deutlich besser. Das ist auch gut so, denn... ach, das darf ich dir ja noch gar nicht verraten! Beinahe hätte ich mich verplappert!"

Das Sternputz-Engelchen wusste, dass es sinnlos war, den Weihnachtsmann zu fragen, was denn da so Wichtiges auf es zukommen würde. Also wartete es geduldig bis der Weihnachtsmann anfing zu erzählen:

Da saß ich nun in der kleinen Hütte. Ohne Heizung. Aber Gott sei Dank geschützt vor dem Sturm, der draußen immer noch tobte. Ein Glück, dass ich damals schon eine Multifunktions- Bekleidung besaß. Eine himmlische Technik. Bei Kälte wärmend. Bei Hitze kühlend.

Ich weiß nicht wie lang ich in dieser Hütte eingesperrt war. Ich döste so vor mich hin und überlegte mir, ob ich nicht doch einen Stoßseufzer[11] gen Himmel schicken sollte. Während ich so grübelte, hörte ich auf einmal ein scharrendes Geräusch hinter mir. Ich schaute mich um und sah zu meiner Überraschung, dass sich die Felswand einen Spalt geöffnet hatte. Eine Hand schaute heraus und winkte mir, dass ich kommen sollte. Ohne zu überlegen folgte ich der Aufforderung. Kaum, dass ich mich mühsam durch den Felsspalt gezwängt hatte, denn ich hatte schon damals eine stattliche Figur, packte mich die Hand mit festem Griff und zog mich tiefer in die Höhle hinein. Es war stockdunkel. Ich hörte wie sich die geheime Tür im Felsen knirschend schloss. Der Griff der Hand lockerte sich. Ich hörte ein mehrfaches Klicken. Funken sprühten und langsam er-

---

[11] Heute würde der Weihnachtsmann eine SMS an den Sicherheitsdienst der Weihnachtsmann GmbH & Co. KG senden.

hellte das flackernde Licht einer Fackel das Dunkel der Höhle.

Endlich konnte ich sehen, wer zu der geheimnisvollen Hand gehörte. Ein Indianer musterte mich von oben bis unten und fragte mich in gebrochenem Englisch:

„Uff, was machst du hier? Warum haben dich die bösen weißen Männer gefangen?"

„Sie haben mich in einer einsamen Hütte auf der Prärie, in der ich Schutz vor dem Schneesturm gesucht hatte, überfallen und ausgeraubt. Weil sie meine Rentieren nicht zum Laufen bewegen konnten, haben sie mich als Kutscher mitgenommen. Ich muss meine Rentiere vor den Banditen retten, denn sie haben angekündigt, dass sie sie am Spieß braten würden, wenn sie die Rentiere nicht bändigen könnten".

„Um seine Rentiere muss sich der weiße Mann mit den weißen Haaren und dem weißen Bart keine Sorgen machen[12], die haben

---

[12] Wie oben schon erwähnt, nenne ich erst seit den 30er Jahren des letzten Jahrhunderts das rote Outfit mein Eigen, das von der Firma Coca Cola gesponsert wird. Im Gegenzug garantieren wir den himmlischen Geschmack der braunen Brause.

meine roten Brüder vom Stamm der Apatschen schon in Sicherheit gebracht".

„Wieso das?"

„Die weißen Männer im Tal haben die Jäger unseres Stammes überfallen und ihnen ihre Jagdbeute, Felle und Fleisch, gestohlen. Außerdem haben sie indem sie hier Häuser bauten unser heiliges Tal entweiht. Hier ruhen die sterblichen Überreste unserer Häuptlinge, die durch ihre ruhmreichen Taten in die ewigen Jagdgründe eingegangen sind. Dafür werden wir sie bestrafen".

Während dieses Gespräches hatten wir die Höhle durch einen steil emporsteigenden Gang verlassen. Von einer Art Balkon in der Felswand konnten wir auf das Camp der Banditen hinabschauen.

„Warum hast du mich aus den Händen dieser Gauner befreit?" wollte ich wissen.

„Die Apatschen sind Freunde der Bleichgesichter. Gefangene unserer Feinde sind unsere Freunde", antwortete der Indianer kurz und knapp.

„Und was passiert jetzt?" wollte ich wissen.

„Die Apatschen werden den Eingang zum Tal mit einer Lawine verschließen. Dann sind die Banditen gefangen. Ihnen wird der Proviant ausgehen. Wenn sie nicht verhungern wollen, müssen sie Brot und Fleisch gegen die geraubten Waren tauschen müssen. Bis die Sonne im nächsten Jahr den Schnee gegessen hat, werden sie keine Waffen mehr haben und nur noch das besitzen was sie auf dem Leib tragen. Dann werden die Apatschen den Sheriff benachrichtigen und die Belohnung für die Ergreifung dieser Banditen kassieren. So brauchen wir uns an diesen Würmern unsere Hände nicht schmutzig machen".

Und so wie es der Häuptling der Apatschen, Win-i-one[13], gesagt hatte, geschah es dann auch. Nachdem sich der Schneesturm gelegt hatte konnte ich meine Reise fortsetzen.

„Uh, das war aber spannend. Ich weiß nicht, ob ich so cool geblieben wäre. Hast du eigentlich mal wieder etwas von den Indianern gehört?"

---

[13] Ein Vorfahre von Win-i-two. Von Karl May fälschlicherweise Winitou geschrieben.

„Viele Jahre später bin ich mal wieder mit ihnen zusammengetroffen. Aber das ist eine lange Geschichte[14]. In dieser Christnacht und allen folgenden habe ich dann einen Abstecher in das Winterquartier des Apatschenstammes gemacht und habe allen Kindern als Dank eine Kleinigkeit in ihre Mokassins gelegt".

„Da haben sich die Kinder aber gewundert".

„Nicht nur die Kinder! Es dauerte viele Jahre bis die Apatschen hinter das Geheimnis der weihnachtlichen Bescherung kamen".

---

[14] Vgl. Der Weihnachtsmann im Wilden Westen – Adventskalender-Geschichte 2004

21 Der Schlafanzug

"Willst du dich denn nicht einmal anziehen?" wollte der Weihnachtsmann wissen.
"Och nö, eigentlich nicht, das Krankenhemdchen ist doch bequem", meinte das Sternputzengelchen.
"Dann pass aber auf, dass es dir so ergeht wie dem kleinen Felix". Sagte der Weihnachtsmann verschmitzt lachend.
"Wieso, wie es dem ergangen?"
"Also sei schön still und hör gut zu":

Es war einmal ein Junge. Der hieß Felix. Felix war eigentlich ein ganz patenter Kerl, aber er wollte sich partout nicht anziehen, wenn er zu Hause war. Sogar mit seinen Freunden spielte er im Schlafanzug. Mutter und Vater konnten sagen was sie wollten, auf dem Ohr „anziehen" war Felix taub.
„Felix, komm zum Frühstück!" rief die Mutter, „aber zieh dich an!"
„Nö, ich hab keine Lust", schallte es aus dem Kinderzimmer. Felix hatte mal wieder seine

Legokiste ausgekippt, um einen Monstertruck zu bauen.

„Felix, komm zum Mittagessen!" rief der Vater, „aber zieh dich an!"

„Nö, ich hab keinen Bock!" tönte es aus dem Wohnzimmer. Felix saß mal wieder vor dem Fernseher.

„Felix, komm zum Kaffee!" rief die Oma, „aber zieh dich an!"

„Nö, ich hab keine Zeit!" hörte man es rufen. Felix saß mal wieder vor dem Computer und war in ein Spiel vertieft.

"Felix, komm zum Abendessen!" rief der Opa, aber zieh dich an!"

„Nö, kein Plan!" antwortete er. Felix lag im Bett und hatte seine Nase in einem dicken Buch versteckt.

„Der Kerl macht mich noch verrückt", schimpfte die Mutter, „irgendwann geht der auch noch im Schlafanzug in die Schule!"

Die Nacht legte sich über die Welt. Nach und nach gingen alle Lichter aus. Eines der letzten war das von Felix, der sich nicht von seinem spannenden Buch trennen konnte. Erst nachdem ihm das Buch vor Müdigkeit mehrfach aus den Händen gefallen war, löschte er das Licht und schlief ein.

Plötzlich klingelte der Wecker.

„Was ist die Nacht schon rum?" brummte Felix und zog sich die Bettdecke über den Kopf. Aber es half alles nichts. Der Wecker hörte nicht auf. Mit einem kräftigen Schlag auf den Ruhestörer brachte Felix ihn zum Schweigen. Felix sortierte seine Gedanken. Montag. Wieder Schule. Ob er wollte oder nicht, er musste raus aus dem Bett. Mit Schwung schwang er die Beine heraus und wollte aufstehen. Doch, was war das? Schwupps lag er wieder im Bett, auf dem Rücken, die Beine in die Luft und strampelte wie ein Maikäfer!"

„Liegen bleiben!" hörte er eine Stimme.

Felix rieb sich die Augen. Ja er war wach.

„Leg dich wieder hin!" befahl ihm die Stimme.

Felix wurde es mulmig. Jetzt hörte er schon Stimmen. Genauso wie in dem Geisterfilm, den er sich gestern angesehen hatte.

„Wer spricht denn da?" fragte Felix, „Mutti, bist du das?"

Totenstille.

Felix wollte sich aufrichten, aber eine unsichtbare Kraft drückte ihn zurück ins Bett.
„Was soll denn das?" schimpfte er.
„Ich hab dir doch gesagt, dass du liegen bleiben sollst!" hörte er die Stimme wieder.
„Wer, wer spricht da?" fragte er stotternd.
„Weißt du das nicht? Ich bin dein Schlafanzug. Und ein Schlafanzug gehört ins Bett. Deshalb ein letztes Mal: Hinlegen. Zudecken. Schlafen".
Felix fiel vor Schreck zurück in sein Kopfkissen. Zog sich die Bettdecke und dachte sich: „Wenn ich bis drei zähle ist diese Halluzination sicher vorbei. Eins ... zwei ..."
Und ehe er drei sagen konnte, war er schon wieder eingeschlafen.

„Da kriegt man ja eine Gänsehaut", meinte das Sternputzengelchen.
„Ja", antwortete der Weihnachtsmann, „ein bisschen gruselig ist das schon".
„Und?"
„Und was?"
„Wie geht es weiter?" wollte das Sternputzengelchen wissen.

„Weiter? Weiter geht es morgen!" antwortete der Weihnachtsmann und verließ das Krankenzimmer.

22 In der Schule

„Ein Glück, dass du kommst!"
„Warum?" fragte der Weihnachtsmann.
„Die Geschichte von dem Felix ist mir die ganze Zeit nicht aus dem Kopf gegangen", sagte das Sternputzengelchen.
„Dann muss ich wohl gleich weiter machen mit der Erzählung", meinte der Weihnachtsmann.
„Ja, bitte".

Wieder klingelte der Wecker.
„Oh, schon so zeitig?" gähnte Felix und rieb sich die Augen. "Das war mal ein blöder Traum gewesen, ein sprechender Schlafanzug".
Felix richtete sich auf und wollte aus dem Bett klettern. Aber was war das? Immer, wenn er die Beine aus dem Bett schwingen wollte, schien er gegen eine Gummiwand zu krachen, die ihn wieder zurück ins Bett warf.
„Jetzt ist aber Schluss mit dem Blödsinn", schimpfte Felix.

„Wieso Blödsinn?" hörte er wieder die bekannte Stimme. „Ein Schlafanzug gehört ins Bett".

„Ka-ka-kann ja sein", stotterte Felix, „aber ich muss in die Schule!"

„Och", meinte der Schlafanzug, „da gehen wir mit!"

„Wer ist wir?"

„Nun, ich der Schlafanzug und das Bett."

Ehe sich Felix versah rumpelte das Bett die Treppe hinunter in die Küche. Vater und Mutter saßen schon beim Frühstück.

„Schön, dass du auch kommst", sagte die Mutter.

„Du könntest wenigstens guten Morgen sagen", brummte der Vater.

Felix war verdattert. Da saß er in seinem Bett neben dem Frühstückstisch und seine Eltern reagierten überhaupt nicht.

„Du solltest dir Rollen unter dein Bett machen", sagte der Vater und blätterte die Zeitung um. „das Ding macht einen Krach, da kann man sich gar nicht konzentrieren".

Felix sagte nichts. Er verstand die Welt nicht mehr. Schweigend verdrückte er ein Brötchen.

„Pass auf, dass du dein Bett nicht verkleckerst. Wie sieht denn das aus, wenn du so verschmiert in die Schule kommst".
In die Schule. Ja. Aber doch nicht so!
„Beeil dich", ermahnte ihn die Mutter, „du musst gleich los, sonst kommst du zu spät!"
„Aber ich muss mich doch noch anziehen!" flüsterte Felix.
„Dazu hast du keine Zeit mehr! Ab Marsch!"
Felix zweifelte an seinem Verstand. Das Bett setzte sich in Bewegung und rollte aus dem Haus. Felix wollte abspringen. Aber irgendwie schien er im Bett zu kleben.
„Was soll der Quatsch!" rief er wütend. „Hilfe!"
„Lass die Schreierei", sagte der Schlafanzug. „Sonst hast du mich doch auch den ganzen Tag an".
„Aber doch nicht in der Schule?"
„Warum nicht? Ich hab mich jetzt schon so an dich gewöhnt, dass ich mit dir auch in die Schule gehen möchte".
„Aber das Bett", sagte Felix gequält.
„Das Bett gehört zu mir wie die Faust auf 's Auge. Kein guter Vergleich. Aber lustig"

„Was ist da lustig?" wollte Felix wissen. „Die werden mich in der Schule auslachen!"

„Wieso auslachen?" fragte der Schlafanzug. „Es wissen doch alle, dass du eine Schlafmütze bist. Ach ja, willst du eine haben?"

„Nein Danke, das hätte mir gerade noch gefehlt!"

Das Bett sauste durch die Straßen der Stadt. Felix hielt sich verzweifelt fest. Immer wenn er Klassenkameraden sah, die in Gruppen zur Schule gingen, versteckte er sich unter der Bettdecke. Zu seinem Erstaunen wunderte sich niemand über das Bett im Straßenverkehr. Autofahrer, die an der Ampel neben ihm standen, schauten gelangweilt zu ihm herüber. Ein Fahrradfahrer fragte ihn, wie viel PS sein Fahrzeug habe.

Endlich war er in der Schule. Das Bett hoppelte die Treppen hoch in sein Klassenzimmer und parkte genau an seinem Platz. Bernd, sein Nebensitzer nahm den Stuhl und stellte ihn ins Eck:

„Den brauchst du heute wohl nicht", sagte er spöttisch.

Felix verkroch sich unter der Decke. Er hörte wie Herr Haberecht, sein Klassenlehrer, die

Schüler begrüßte. Nach dem allgemeinen Gemurmel „Guten Morgen Herr Haberecht" wurde es still. Unheimlich still. Felix lugte unter seiner Decke hervor. Herr Haberecht stand vor seinem Bett und schaute ihn mit ernster Mine an.

"Wo sind die Hausaufgaben."hörte er ihn sage.

Felix kramte unter seiner Bettdecke. Keine Hausaufgaben. Das würde Ärger geben. Gott sei Dank: die Schulglocke läutete. War die erste Stunde schon rum? Hatte er sie verschlafen? Die Schulglocke wollte und wollte nicht aufhören zu läuten.
„Ja kannst du nicht endlich deinen Wecker ausmachen?" hörte Felix seine Mutter schimpfen.
Felix schreckte hoch. Im Dämmerlicht sah er den Wecker. Gab ihm einen Klaps, das durchdringende Gepiepe stoppte. Felix sprang aus dem Bett. Verdutzt blieb er stehen. Niemand hielt ihn zurück. Er warf den Schlafanzug aus Bett. Schnell rannte er ins

Bad, richtete sich, sprang in seine Klamotten und polterte runter in die Küche.

„Ein Wunder ist geschehen! Unser Sohn kommt angezogen zum Frühstück!" rief die Mutter.

„Stark", sagte der Vater.

„Ui, das war aber mal wieder ein richtiger Alptraum", meinte das Sternputzengelchen.

„Kann man wohl sagen", nickte der Weihnachtsmann zustimmend.

„Da muss ich aber aufpassen, dass das Krankenhemdchen nicht auch zu sprechen anfängt", lachte das Sternputzengelchen.

„Dann pass mal gut auf!"

23 Undankbar

„Guten Morgen, Sternputzerchen. Heute ist dein vorletzter Tag in unserer Krankenstation. Der Doktor hat mir gesagt, dass du morgen entlassen werden kannst".

„Schade, dann höre ich ja gar keine Geschichten mehr von dir. Das war aber nicht viel, was du mir erzählt hast".

„Na, na, sei mal nicht so unzufrieden! Ich glaub, ich hab etliche Stunden an deinem Bettchen verbracht. Das erinnert mich an das Märchen „Tischlein deck dich, Esel streck dich, Knüppel aus dem Sack?"

Das Sternputzengelchen guckte verständnislos.

„Kennst du den Anfang von dem Märchen nicht? Da ist doch die Ziege, die so hinterhältig ist, dass sie sich dem Vater gegenüber immer beklagt „Ich sprang nur übers Gräbelein und fand kein einzig Blättelein".

Das Sternputzengelchen nickte.

„Siehst du und dazu gibt es eine modernere Version in Gedichtform. Willst du sie hören?"

„Aber natürlich", antwortete das Sternputzengelchen.

Die Ballade vom Rind
Das etwas andere Vorspiel des Märchens „Tischlein deck dich, ..." mit einem Rind in der Hauptrolle.

Auf einem schönen Bauernhof vor nicht allzu langer Zeit,
in schöner Landschaft, von hier nicht weit,
da lebte ein Bauer, sein Vater und auch ein ält' rer Knecht,
die versorgten ihre Rinder und das nicht schlecht.
Sie holten Silo, gaben Korn,
bis alle Rinder gesättigt war' n.
Die legten sich dann in den Stall
Und kauten bis der Trog war all.

Doch eines Tages kam ein neues Super-Rind,
das der Bauer hatte gekauft, ganz g'schwind.
Er stellte es zu den ander' n in die Reih,
auf dass es groß werde und gedeih.
Doch dieses Rind war etwas zickig.
Es störte sich an seinem Platze mittig.
Obwohl von Kuhscheiß richtig dreckig,

war es, man glaubt es nicht, sehr schleckig.
Es schob das Futter aus den Raufen.
Machte links und rechts 'nen Haufen.
Wasser tat es sehr viel saufen.
Kurz, es war zum Haare raufen.

Da sprach der Bauer zu dem alten Knecht:
„Das muss aufhör'n, mach du es recht.
Zeig, was du gelernet hast in all den Tagen.
Der Knecht fing an, ohne weiter nachzufragen.
Der alte Knecht ging in den Stall,
suchte gutes Futter überall,
las sogar den Sauerampfer aus.
Ihn freute sein Werk, er ging hinaus.
Am Abend kam der Bauer in den Stall
Und schaute nach den Rindern all.
Er fragte das Rind: „Grad bei dir will ich mal schauen,
hattest du genug zum Kauen?"
Das Rind, das glotzte an den Bauersmann:
„Schau doch den leeren Trog hier an!
Der andern Trog ist voll mit bestem Futter!
Wie soll ich so kalben, werden Mutter?"
Entzürnt sprang der Bauer zurück ins Haus,
er schimpfte den Knecht, warf ihn raus.

Am nächsten Tag sagte er zu seiner Frau:
Füttere du das Rind. Du kannst das, ich weiß's genau!"
Die Frau ging gleich drauf in den Stall;
Schaute nach dem besten Futter überall.
Die schönsten Halme gab sie dem Rind.
Sie umsorgte es, grad wie ihr Kind.
Der Bauer fragte abends nach: „Frau, was ich jetzt wissen möchte,
hast du das Rind auch gut versorgt, sonst geht's dir schlecht".
Die Bäu'rin strahlend sagte: „Vom besten Futter hab ich ihm gegeben,
das Rind soll doch fürstlich bei uns leben!"

Der Bauer traute diesem Frieden nicht,
Misstrauen stand ihm im Gesicht.
Sein Weg führte ihn gradwegs in den Stall.
Was musst er sehn, der Trog war all!
Er fragte das Rind: „Hattest du nichts zum Kauen?"
Das Rind streckt seine Zunge raus. „Da kannst du selber schauen!
Ich guckte nur den andern zu, Ich fand kein einzig Blättlein, muh!"

Wütend raste der Bauer ins Haus zurück,
packte seine Frau ganz feste im Genick.
Er schüttelte, schimpfte, schrie und tobte:
„Es tut mir Leid, dass ich dich jemals lobte!"
Er jagte sie fort mit Schimpf und Schande,
weinend zog sie aus dem Lande.
Suchte in der Fremde nun ihr Glück,
ließ Mann und Kind und Hof zurück.

„Vater, guter alter Mann,
jetzt musst du halt ran!
Auf dich, da kann ich mich verlassen,
wenn nicht, werde ich vor Wut erblassen".
Der Alte, gezeichnet durch die Last im Leben,
ging in den Stall, ergeben.
Er putzte aus den Futtertrog.
Er füllte ihn mit großer Sorg.
Er streichelte das Lieblingsrind,
gab ihm noch gutes Korn geschwind.
Er befand es gut versorgt
Und verließ beruhigt diesen Ort.
Das Rind jedoch, heimtückisch wie es war,
schob Futter und das gute Korn, das war ja klar,

den Nachbarn zu und muhte laut,
auf dass der Bauer kommt und schaut.
Was musste er auch heute seh'n:
Sein Lieblingsrind musst ohne Futter steh'n!
Er fragte: „Liebes Rind, du gutes,
bist du denn wenigstens frohen Mutes?"
„Wie soll ich frohen Mutes sein,
ich bekam kein Hälmlein, noch so klein,
ich musste schau'n, die ander'n fraßen,
nur weil alle mich vergaßen!"

Das war dem Bauern gar zu viel,
wütend beendete er das Spiel!
Dem alten Bauern, seinem Vater,
machte er ein groß Theater.
Der Alte durft' nicht mehr in den Stall!
Ja, plötzlich war er im Wege überall!
Musst kränkelnd in der Stube bleiben
Und seine Memoiren schreiben.

Am Abend ging der Bauer frohen Mutes
alleine in den Stall und tat Gutes
all seinen Rindern an, besonders seinem Liebling –
Der bekam manch grünen Triebling.
So sah er alle Tiere gut versorgt,

ging rein ins Haus, fand niemand dort,
denn Frau und Vater und auch den Knecht
hatte er verjagt und das war schlecht.

Am anderen Morgen sah er in den Stall,
fand Futterreste überall.
Nur sein Lieblingsrind, die Ausgeburt der Hölle,
stand traurig vor dem leeren Trog, nichts war zu sehen von der Völle!
Fragend stand er vor dem Rind,
das schaue hilflos wie ein Kind
und sagte laut und gut vernehmlich:
„Ich hatte nichts, ich bin doch nicht dämlich,
ich kalbe nicht, das ist doch klar,
denn für Rasserinder ist hier die Verpflegung zu rar!"

„Du Miststück! Wart! Dir wer' ich's zeigen!
Dich bring ich auf der Stell' zum Schweigen!"
Sprach's, ging wütend zurück in's Haus,
machte einen Termin mit dem Schlachter aus.
Trieb das Rind auf seinen Hänger.
Dem Rinde wurde bang und bänger.

Der Bauer hat nun Fleisch und Wurst.
Er hat auch Bier für seinen Durst.
Doch was nützt das? Er ist allein!
Will wieder im Kreise seiner Lieben sein.
Was die erlebten, denen noch geschah,
in der Ferne und auch ganz nah,
das ist eine ganz andere Geschicht',
Stoff für ein weiteres Gedicht.

„Das war aber wirklich ein verlogenes Rindvieh", meinte der Sternputzengel nachdenklich.
„Ja", sagte der Weihnachtsmann, „wie sagt man so schön: Gottes Mühlen mahlen langsam aber sicher. Nun muss ich aber noch einmal in mein Büro, denn morgen ist der große Tag für mich. Da muss alles klappen".

24 Gesund

„So, mein liebes Sternputzengelchen, heute ist der letzte Tag für dich in unserem Krankenzimmer. Heute Nachmittag wirst du entlassen und dann wartet eine wichtige Aufgabe auf dich", sagte der Weihnachtsmann.
„Eine wichtige Aufgabe?" Das Sternputzengelchen verstummte für eine kurze Zeit.
„Ich darf doch nicht etwa den Weihnachtsstern polieren?"
„Nein", lachte der Weihnachtsmann, „dazu bist du ein wenig zu klein. Aber es gibt ja noch andere wichtige Dinge zwischen Himmel und Erde!"
Das Sternputzengelchen biss sich auf die Unterlippe und dachte angestrengt nach. Es wollte ihm aber nichts einfallen.
„Pass auf, während du dich anziehst, denn in diesem Krankenhemdchen kannst du dich nicht in der himmlischen Öffentlichkeit sehen lassen, lese ich dir noch ein modernisiertes Weihnachtsgedicht vor":

Knecht Ruprecht
(Version 2013)

Von drauß', vom Einkaufszentrum komm ich her,
Ich muss euch sagen, es weihnachtet sehr!
All überall auf den künstlichen Tannenbaumspitzen
Seh ich gold 'ne Lichtlein blitzen.
Und aus der Tiefgarage Tor
Flitzt so manches Auto, voll mit Geschenken, hervor.
Und wie ich so strolch durch die vollen Läden
Hör ich durch 's Handy das Christkind reden.
„Knecht Ruprecht", ruft es, „alter Gesell,
Schwing dich auf 's E-Bike und spute dich schnell.
Fahr vorsichtig,
Mach es richtig,
Denn Alte und Junge sollen nun
Von der Hektik des Lebens heute ruh 'n.
Denn morgen flieg ich hinab zur Erden,
Dann es soll wieder mal Weihnachten werden".
Und ich: „Oh liebes Kind,
Ich starte mein E-Bike ganz geschwind.

Ich muss nur noch im Gold 'nen Buche schau 'n,
ob ich darf den Wunschzetteln trau 'n".
"Hast dein Day-Pack[15] auch bei dir?"
Ich sag, „der Day-Pck, der ist hier!
Denn Computer, Spiele und ne CD,
ohne das, tut's den Kids arg weh!"
„Hast die Peitsche auch bei dir?"
Ich sprech': „Das Ding ist hier.
Doch auch für Teenies, die Schlechten,
Gibt's heute keine Hiebe mehr, auf den Teil den Rechten".
Das Christkind meint: „ich seh', ich seh'
Man tut den Kindern heut nicht mehr weh!"
„Ich leg nun auf, und sause los,
Sonst geht die Bescherung noch in die Hos".
Von drauß', vom Einkaufszentrum komm ich her,
Ich muss euch sagen, es weihnachtet sehr!
Nun sprecht, wie es herinnen ist:
Sind's gute Kids, sind's böse Kids?

Original:
Theodor Storm, Knecht Ruprecht, 1862

---

[15] Denglisch für Rucksack

„Weihnachtsmann, schau, ich bin fertig".

Der Weihnachtsmann musterte das Sternputzengelchen von oben bis unten und brummte:

„Ist das Kleidchen nicht etwas kurz geraten?"

„Nein", antwortete das Sternputzengelchen selbstsicher, „kurz ist zur Zeit der letzte himmlische Modeschrei".

„Man könnte auch sagen: Mode zum Schreien".

"Aber jetzt lieber Weihnachtsmann musst du mir verraten, was ich für eine besondere Aufgabe habe".

„Ach so, die Aufgabe. Also pass auf. Wenn ich mit meinem Schlittengespann so hin und her düse wird immer wieder die Beleuchtung des Schlittens schmutzig. Wie heißt es doch so schön: Sehen und gesehen werden. Deshalb hab ich beim Christkind und bei der Sternputz-Holding durchgesetzt, dass du mich auf der diesjährigen Bescherungs-Tour begleitest und bei jedem Stopp die Lämpchen sauber machst. Ist das ein Angebot?"

Dem Sternputzengel hatte es vor Freude die Sprache verschlagen. Es sprang dem Weihnachtsmann an den Hals und drückte ihm unversehens einen dicken Kuss auf die Wange.

Lieber Leser,
wir sind wieder einmal am Ende der Adventskalendergeschichte angelangt. Ich wünsche allen eine frohes Weihnachtsfest und ein glückliches neues Jahr. Ich würde mich freuen, wenn ich euch 2014 wieder als Leser begrüßen könnte.

Botho Kirschkern

Bisher erschienene Weihnachtsmann-Adventskalender-Geschichten

1999. Der Weihnachtsmann im Krankenhaus (auch als Comic)
2000. Der Weihnachtsmann in der Schule
2001. Der Weihnachtsmann sucht Harry Potter
2002. Der Weihnachtsmann reist nach Mittelerde
2003. Der Weihnachtsmann in der Zukunft (auch als Hörbuch)
2004. Der Weihnachtsmann im Wilden Westen
2005. Der Weihnachtsmann auf der Suche nach dem Weihnachtszauber
2006. Der Weihnachtsmann sucht sein Rentiergespann
2007. Der Weihnachtsmann im Land der Stille
2008. Der Weihnachtsmann bei den Wichteln auf dem Lande
2009. Der Weihnachtsmann in Kasparsien
2010. Der Weihnachtsmann sucht Engel Technicus

2011. Der Weihnachtsmann will in
Rente gehen
2012. Der Weihnachtsmann im Land
der Träume
2013. Der Weihnachtsmann erzählt

In Vorbereitung
2014. Der Weihnachtsmann bei den Rittern